思深行远
——西南财经大学研究生管理服务论文集

董春 吕佳 等 编著

SISHEN XINGYUAN
XINAN CAIJING DAXUE YANJIUSHENG
GUANLI FUWU LUNWENJI

西南财经大学出版社
四川·成都

图书在版编目(CIP)数据

思深行远:西南财经大学研究生管理服务论文集/董春等编著. —成都:西南财经大学出版社,2019.7
ISBN 978-7-5504-0713-8

Ⅰ.①思… Ⅱ.①董… Ⅲ.①研究生教育—教育管理—中国—文集 Ⅳ.①G643-53

中国版本图书馆 CIP 数据核字(2018)第 281132 号

思深行远——西南财经大学研究生管理服务论文集
董春　吕佳　等 编著

责任编辑:廖韧
封面设计:墨创文化
责任印制:朱曼丽

出版发行	西南财经大学出版社(四川省成都市光华村街 55 号)
网　　址	http://www.bookcj.com
电子邮件	bookcj@foxmail.com
邮政编码	610074
电　　话	028-87353785
照　　排	四川胜翔数码印务设计有限公司
印　　刷	四川五洲彩印有限责任公司
成品尺寸	170mm×240mm
印　　张	10
字　　数	161 千字
版　　次	2019 年 7 月第 1 版
印　　次	2019 年 7 月第 1 次印刷
书　　号	ISBN 978-7-5504-0713-8
定　　价	68.00 元

1. 版权所有,翻印必究。
2. 如有印刷、装订等差错,可向本社营销部调换。

序 言

"行者方致远，奋斗路正长"。面对工作和生活的挑战，我们往往满足于拥有的事物，从而在前进的道路上失去了动力。日子平静如流水，看似悠然，实则早早地将我们的生活定格，我们成了真正的落伍者，失去了与时代同步前进的资格。然而，"新故相推，日生不滞"。世界在不断发展，人类进步从未停歇。教育是人类发展的阶梯，从事高等教育管理的工作者，必须具备勇立潮头、理性思考、不懈奋斗的品质。

一流的研究生教育是一流大学的旗帜与标志。在"双一流"建设中，研究生教育要发挥高端引领和战略支撑作用。西南财经大学的学位与研究生教育工作者，紧紧围绕"立德树人"的根本任务，坚持"质量优先、内涵发展"的战略主题，优化研究生结构，创新培养模式，健全质量监督，扩大国际合作，全面提升研究生教育水平，在工作中与时俱进，大力营造有利于研究性工作开展的氛围。

本书收录的文章，来自我的同事高杰、周洁、张艾妮、刘若兰、董春、吕玲、庞先伟、颜涛、杨琴、于一多、田原、吕莉、江佳惠、邓婷婷等一线工作者的真实体验和感悟，内容涉及对学校研究生培养的战略思考、对研究生教育教学改革的探索创新和对管理服务工作精细化的微观研究。从这些文字，我们既可以看到研究生教育管理工作者们的经验积累，又可以看到他们上下求索的坚定信念。它或许显得不那么成熟甚至还有些稚嫩，但饱含真情，充满真知灼见。本书凝聚着我校学位与研究生教育工作者们不断探索、潜心研究的点点心血，展示出他们求真务实、奋进创新的精神。

我校的学位与研究生教育事业任重而道远。希望本书的出版能够进一步引起广大教职员工对相关问题的兴趣，引导、推动更多的教职员工关注我校的学位与研究生教育事业，使相关人员开展更加深入的教育教学研究，并把研究成果应用到学位与研究生教育的实践中去，把我校的研究生人才培养提升到一个新的、更高的水平。

谨以此书献给为学校学位与研究生教育事业做出贡献的全体教职员工！

吕 佳
2018 年 11 月

目录

退役大学生士兵招生计划优化分配研究

  ——基于政策执行过程的视角 …………………………… 高 杰（1）

博士招生计划动态调整方法研究

  ——以西南财经大学博士招生为例 ………………………… 周 洁（13）

中美博士研究生招生制度的对比与思考 ……………………… 张艾妮（21）

微信公众平台在研招工作中的应用研究

  ——以西南财经大学研招办为例 …………………………… 刘若兰（30）

博士生公共基础课程改革对学术能力的影响分析

  ………………………………… 董 春 喻开志 申晓菊（40）

"三全育人"引领研究生教育质量保障体系构建 ……………… 吕 玲（57）

基于随机多目标理论的研究生评教研究 ………… 庞先伟 汉佳星（66）

研究生培养信息化管理的思考与实践

  ——以西南财经大学为例 …………………………………… 颜 涛（79）

研究生教育的国际化发展路径研究

  …………………… 杨 琴 王 萍 王翔宇 王 菁 王东晖（90）

研究生导师指导能力提升途径研究 …………………… 于一多（103）

博士学位论文会审制度初探 ………………………… 田　原（116）

经济管理类博士学位论文质量探析 …………………… 吕　莉（126）

研究生学位论文学术不端行为检测工作研究 ………… 江佳惠（140）

关于我校博士后工作改革的建议 ……………………… 邓婷婷（148）

退役大学生士兵招生计划优化分配研究
——基于政策执行过程的视角

高 杰

> **摘 要**：选拔大学生入伍是国家军队改革的重要举措。为确保退役大学生士兵拥有更多成长的选择，教育部设立"退役大学生士兵专项硕士研究生招生计划"，鼓励退役大学生报考硕士研究生。自政策实施以来，招生计划在实践中一直存在着无法全额完成等问题，一定程度上影响了政策发挥的作用。本文基于政策执行过程的视角，从国家层面、省级层面以及学校层面提出了该专项计划的改革措施，以实现退役大学生士兵招生计划分配的优化。
>
> **关键词**：退役大学生士兵计划　计划分配　优化改革

一、退役大学生士兵招生计划的政策背景及意义

建设一支现代化的队伍是近年来我国军队改革的重要内容。改革的关键点在于人员的素质提升，因此，国家于2001年开始在部分全日制高

校中选拔在校大学生进入军队，参军时间一般为 2 年。据统计，2016 年大学生报名参军人数超过 100 万。青年强，则国家强。在校大学生入伍，能为我国的强军战略以及建设世界一流军队做出重大贡献，更能为我国经济社会的安全平稳发展和维护国家长久治安发挥重要作用。

大学生士兵的队伍建设为国家安全和社会发展保驾护航，但也出现了诸如就业不畅等问题。为此，国家积极出台了一些政策。教育部于 2016 年面向退役大学生士兵设立"退役大学生士兵专项硕士研究生招生计划"，专门招收该类别的学生攻读硕士研究生。

退役大学生士兵计划，在全国共有 400 余所普通高校实施。为确保政策能够落实到位，教育部规定该计划专项专用，不得用于其他普通考生的录取。招生各高校须严格按照"自愿报名、统一招考、自主划线、择优录取"的原则进行招生录取工作。

二、退役大学生士兵计划政策实施现状

自实施退役大学生士兵计划政策以来，我们通过查询全国各大高校研究生招生网页公示信息等途径，发现该专项计划的报名和复试录取实施效果一般，主要体现在以下几个方面：

（一）退役大学生士兵计划的报考条件

根据教育部《2016 年全国硕士研究生招生管理规定》和《教育部办公厅关于做好 2016 年"退役大学生士兵专项硕士研究生招生计划"招生工作的通知》的要求，报考该计划的考生为符合全国硕士研究生报考条件的已退出现役的大学生士兵。从文件可以看出，考生报考该类专项计划应同时符合以下两个条件：第一，考生学历教育就读院校应该为普通高等学校且报考硕士研究生时已经退出现役；第二，考生在部队的身份是士兵，而不是士官等头衔。

(二) 退役大学生士兵计划下达实施情况

退役大学生士兵计划自实施以来，历经三年，各招生单位招生计划均是通过"招生单位申请，教育部下达"的方式进行的。全国退役大学生士兵招生总计划规模一直稳定在 5 000 人，招生单位从 398 所上升到 467 所。

1. 总计划按省份分布情况

2016 年，教育部下达了 5 000 个招生计划，主要分布在教育资源大省（市），主要包括北京市、江苏省、陕西省、四川省、山东省、广东省、上海市、浙江省、湖北省以及安徽省等 10 个省（市）。具体见图 1。

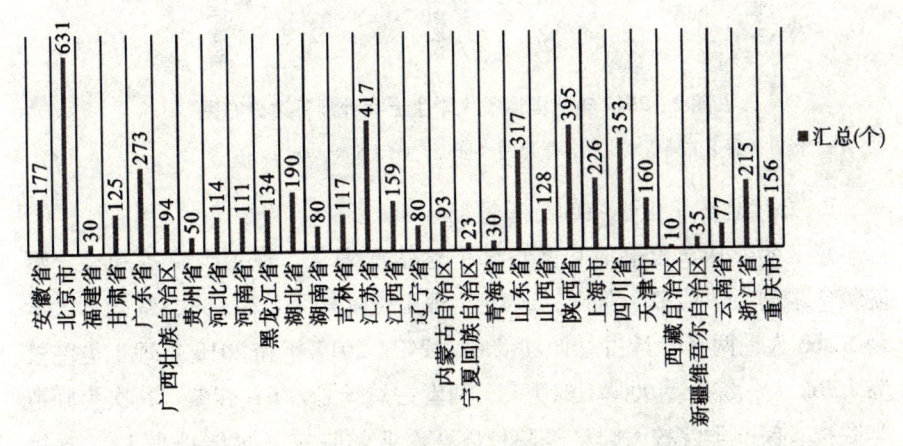

图中数据（按省份顺序）：安徽省 177、北京市 631、福建省 30、甘肃省 125、广东省 273、广西壮族自治区 94、贵州省 50、河北省 114、河南省 111、黑龙江省 134、湖北省 190、湖南省 80、吉林省 117、江苏省 417、江西省 159、辽宁省 80、内蒙古自治区 93、宁夏回族自治区 23、青海省 30、山东省 317、山西省 128、陕西省 395、上海市 226、四川省 353、天津市 160、西藏自治区 10、新疆维吾尔自治区 35、云南省 77、浙江省 215、重庆市 156

图 1　2016 年全国退役大学生士兵计划下达分布图

注：资料来源于中国研究生招生信息网（http://yz.chsi.com.cn/）。

2017 年和 2018 年，教育部执行和 2016 年相同的政策，下达指标也是一样的。经比对，2016 年申请的高校中，有 45 所高校并未在 2017 年及以后的年度中申请该专项计划。因此，教育部下达的 5 000 个计划主要分布在北京市、江苏省、湖北省、陕西省、山东省、四川省、上海市、辽宁省、广东省以及湖南省等 10 个省（市）。具体分布见图 2。

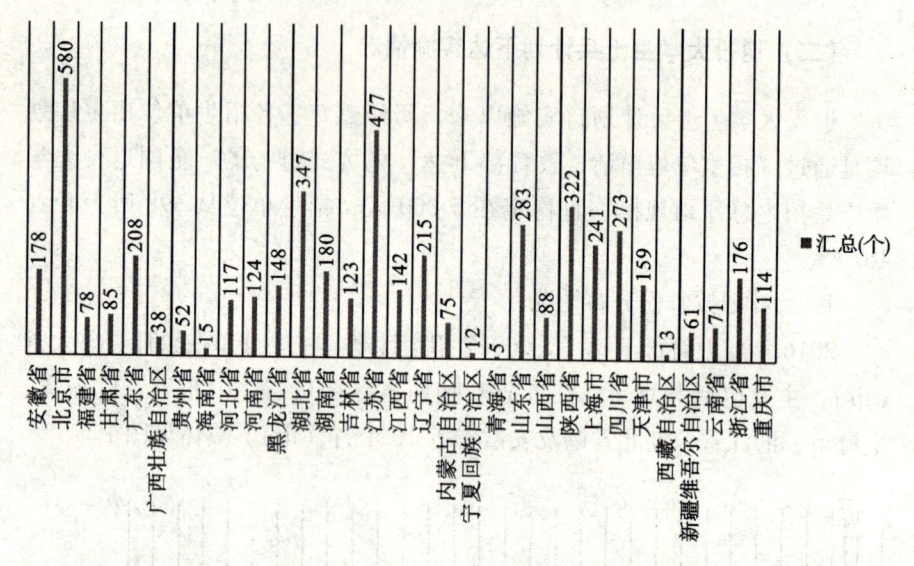

图2 2017年全国退役大学生士兵计划下达分布图

注：资料来源于中国研究生招生信息网（http://yz.chsi.com.cn/）。

2. 总计划按单位性质的分布情况

近三年，从学校申请和教育部下达情况来看，理工类院校和综合型院校申请的人数最多。其中，2016年理工类院校为1 843人，综合型大学为1 263人，两者合计占总计划的62.12%；2017年和2018年理工类院校为1 762人，综合型大学1 310人，两者占总计划的61.44%。其次为师范类院校、医药类院校、财经类院校以及农业类院校（具体见表1）。在第一年的招生录取结束后，2017年申请增加计划较多的院校为综合型大学、体育院校和农业类院校等；申请减少计划较多的院校为理工类院校和自然科学研究机构。

表1 全国退役大学生士兵计划下达分布表（2016—2018年）

学校类型	2016年下达计划数（个）	2017/2018年下达计划数（个）	备注（增减变动）（个）
理工类院校	1 843	1 762	-81
综合型大学	1 263	1 310	+47
师范类院校	469	462	-7

表1（续）

学校类型	2016年下达计划数（个）	2017/2018年下达计划数（个）	备注（增减变动）（个）
医药类院校	286	295	+9
财经类院校	283	274	-9
农业类院校	279	305	+26
自然科学研究机构	150	100	-50
政法院校	109	108	-1
民族院校	88	82	-6
语文院校	78	68	-10
未知	55	79	+24（无法判断学校类型，归入此类）
艺术院校	37	47	+10
林业院校	35	55	+20
体育院校	25	53	+28

注：资料来源于中国研究生招生信息网（http://yz.chsi.com.cn/），院校分类标准，使用了研招网公布的数据。

三、退役大学生士兵计划分配实施的困境

国家实施在校大学生入伍政策以来，各大高校均鼓励学生进入部队，成为优秀的大学生士兵，为国防现代化建设做出贡献。两年的军旅生涯，给学生的正常学习带来一定的困难，比如基础课程和专业课程的学习的连续度存在缺陷。如何保障这些学生继续受教育，是当今我们必须重点关心的问题。实施退役大学生士兵计划无疑是解决问题的重大举措之一。

自该计划2016年首次实施以来，退役大学生士兵在报名、考试以及录取环节存在的问题也不断凸显出来。

1. 政策宣传不到位，了解渠道不通畅

2015年9月，教育部下发了关于2016年"退役大学生士兵专项硕士

研究生招生计划"的相关文件,对退役大学生士兵计划的招生条件、招生计划等进行了公布。部分省级教育行政部门和招生单位责任心不强,不去学习和了解政策,致使考生对该专项计划的培养对象、报考条件等关键信息缺乏了解,导致大量招生名额被浪费。在2017年招生过程中,有45所高校放弃该专项计划的招生名额,共有289个计划名额,分布在广东省、吉林省、山东省、浙江省、河北省、江苏省、北京市、河南省等8个省(市)(具体见图3)。

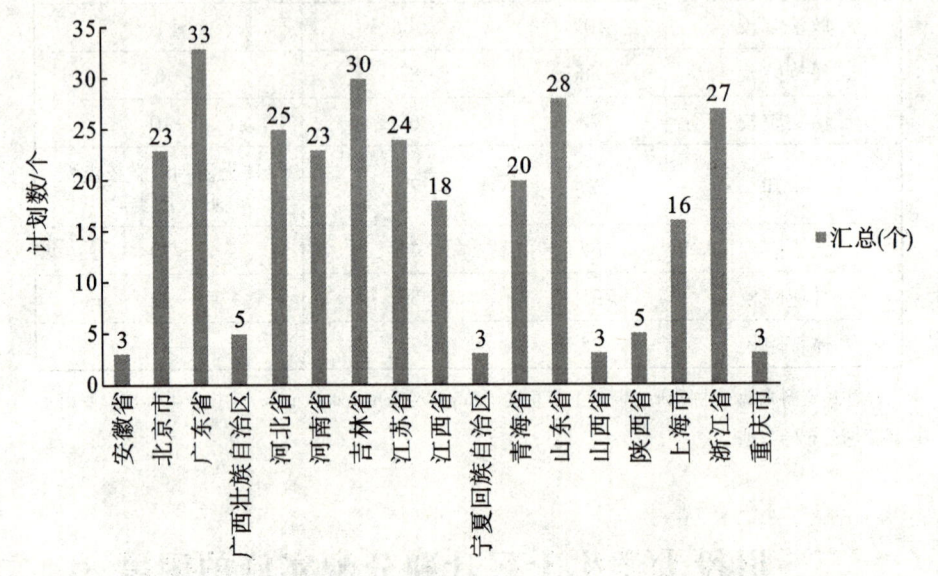

省份	计划数(个)
安徽省	3
北京市	23
广东省	33
广西壮族自治区	5
河北省	25
河南省	23
吉林省	30
江苏省	24
江西省	18
宁夏回族自治区	3
青海省	20
山东省	28
山西省	3
陕西省	5
上海市	16
浙江省	27
重庆市	3

图3 2017年部分省份高校放弃招收退役大学生士兵计划数

注:资料来源于中国研究生招生信息网(http://yz.chsi.com.cn/)。

2. 部门设置存在不足

从事务的管理角度来看,参照我国研究生教育中少数民族高层次骨干人才计划(以下简称:少民骨干)的成熟做法,退役大学生士兵招生计划的部门管理存在一定的不足。

少民骨干专项计划招生计划在国家层面由教育部民族司主管,其主要进行政策的制定、招生计划的分配和下达;省级主管部门设置在各省(市)教育厅的民族教育处,其主要职责是进行宣传和招生的审核、就业的统筹等。而退役大学生士兵计划的整个过程均在学生司进行,缺少一个少民骨干计划执行中的职能部门来专门进行业务统筹。

3. 招生计划的使用未形成调整互补机制

国家专项计划是国家从目前的实际国情出发，解决国家和人民生活中当前急需解决的难题而制定的。因此，各层管理部门不能因为担心政策的执行出现问题而忽视政策制定的出发点。

目前计划执行的主要问题是省级教育主管部门之间、省内高校之间以及校内各单位之间未形成一个系统的计划调整办法。第一，教育部只规定计划不能挪作他用，但是对计划的使用未做其他规定。各省之间的计划不能随意调动。第二，各省级管理部门处理的原则就是各高校按照计划执行，宁缺毋滥，对计划的使用尚未形成省内高校的联动互补机制，这样就造成了生源好的学校要淘汰更多的人，生源差的学校招不到学生。第三，部分学校执行专项计划时，一般按照1∶1的比例安排复试，同时在复试录取规则中规定复试成绩不合格，不予录取。部分退役大学生士兵计划考生，自身专业基础较差，笔试和面试的成绩均不理想，往往复试成绩不合格，这样就造成了没有候补生源，最终造成招生计划的浪费。

4. 招生专业引领存在缺陷

国家于2010年制定了中长期教育改革和发展规划纲要，首次把专业学位研究生教育发展放在重要位置。2013年教育部、国家发展改革委、财政部等三部门联合下发《关于深化研究生教育改革的意见》，文件进一步明确要贯彻落实2010年教育改革和发展规划纲要的精神，积极发展硕士专业学位研究生教育。

有关退役大学生士兵招生计划的国家文件，对招生管理只强调了信息公开、规范管理、招生宣传和严查违规行为等，而没有对该类别考生的报考专业进行引领。如少民骨干计划招生的文件对报考专业进行了如下的规定：重点向理工类、应用型专业倾斜，且招生比例原则上不低于招生总数的50%。

学术学位类别专业的培养要求高，考试难度相对于专业学位类别专业要高。退役大学生士兵招生计划考生在报考中得不到政策的引领，盲目性大，上线人数也较少。

四、构建退役大学生士兵招生计划优化分配方案

大学生入伍是国家军队改革的重要战略方针,因此,做好做实退役大学生士兵的再教育工作是研究生招生工作中不可忽视的重大任务。招生计划是个指挥棒,发挥招生计划在服务强军强国战略中的作用是个系统工程。做好国家层面、省级层面以及学校层面的招生计划系统的优化分配改革方案,我们期待能够达到预期的目标(如图4所示)。

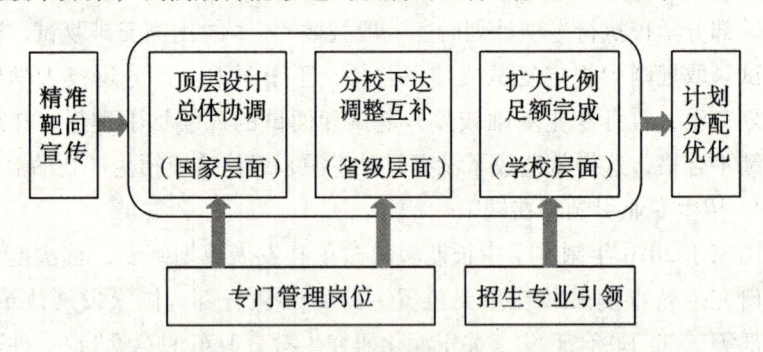

图4 招生计划系统优化分配改革方案

1. 加大宣传力度,实施精准靶向服务

明确退役大学生士兵专项硕士研究生招生计划的报名条件,以及招生计划等政策,细化全国硕士研究生招生工作管理规定中对退役大学生士兵计划的报名程序、专业设置以及招生人数等重要信息的规定。只有这样把工作做实做细,才能解决实际工作中的各种问题。

实行教育部、省级教育管理部门、招生单位三家联动宣传机制。教育部联系国防部征兵办公室,专门制作宣传视频和宣传画册,鼓励已经在部队中服役的以及即将开始军旅生涯的大学生报名此类专业计划招生考试,实现更大的人生梦想。省级教育管理部门负责本省各大高校的宣传工作。招生单位联系本校的武装部等管理部门进行政策宣传。三者各司其职,互通信息,实现为大学生士兵确定精准对象和提供精准信息的服务工作。

信息对称的实现，可以解决部分学生报名资格错误等问题。例如，在政策实施的前三年中，有不少资格审核不过关的考生。比如部分部队院校毕业的学生报名参加此类专项计划考试，虽然他们是退役了的，但属于士官，而不是士兵身份。

2. 设置退役大学生士兵管理部门

参照我国研究生教育中少民骨干的成熟模式，在教育部和省级教育管理部门对退役大学生士兵计划设置专门岗位。

教育部的士兵计划岗位负责该专项计划政策的制定和解释、计划的下达以及宣传工作。省级教育管理部门士兵计划岗位负责本省各硕士招生单位计划实施的监督、本省各高校的宣传等事宜。两者各司其职，信息互通，以达到士兵计划最优分配的效果。

3. 建立全国招生计划使用调整互补机制

教育部对博士研究生招生管理工作做出这样的规定："招生单位要探索建立并完善相应的招生计划动态调整机制，推动招生计划向选拔培养质量高的院系、专业、导师流动，充分调动培养院系和导师在招生培养过程中的积极性和主动性，全面提高博士研究生培养质量。"借鉴博士生招生管理规定的思路，在退役大学生士兵研究生招生计划的实施上，我们也应该用动态调整的思路进行全局思考。

首先，根据各地经济和社会发展的需要，调研目前现役中大学生的数量、专业背景、生源地等实际情况；同时，采取科学方法分析当前紧缺人才的情况并预测未来紧缺人才的需求走向，特别是重点领域和基层紧缺人才岗位的需求，制定定期退役大学生士兵计划。在大力宣传的基础上，制定详细方案并引导学生报考。

国家教育管理部门应根据各省大学生应征入伍量、各省的教育资源、退役和现役大学生的专业背景、生源地，结合当地经济发展的专业需求，制定分省退役大学生士兵计划。计划制定后，对省级教育管理部门以及硕士招生单位进行意见征求，无异议后，直接发文下达当年分省招生计划。同时，强调招生计划实施动态调整互补机制，若S省完成不了，由其他生源充足的省份进行递补录取。S省的招生计划下一年度将直接被扣减。

省级教育管理部门应根据省内高校的师资力量、专业设置等情况，下达各招生单位招生计划。各高校招生计划也实施动态调整互补机制，若S高校完成不了下达的招生计划，省级教育管理部门将未完成的计划转入省内其他生源充足的高校。S高校的招生计划下一年度将直接被扣减。

硕士研究生招生单位应根据学校的专业、师资、考生考试情况等下达分学院和分专业计划。原则上须按照1∶1.2及以上的复试比例进行复试工作，使用计划时也应有充足的候补生源，不至于造成过多的招生计划浪费。

4. 充分发挥招生专业的引领作用

国家高度重视专业学位研究生教育。积极发展专业学位研究生教育，是全面建成小康社会、建设创新型国家的要求，也是研究生教育服务国家经济建设和社会发展的体现。自改革方案实施以来，全国各大高校研究生招生中，有潜力成为高层次应用型专门人才的人成为选拔的主要对象。

因此，退役大学生士兵招生计划文件对报考专业应进行相应的规定。文件应鼓励学生报考专业学位类别研究生，重点向应用型专业倾斜，且招生比例原则上不低于招生总数的一定比例。

综上所述，招生计划发挥作用需要各个层次、各个部门建立紧密联系的联动机制。实施效果良好的招生计划，对学生来说是实现人生梦想的重要途径，对国家来说是实现中国梦的强有力的措施。我们有责任有信心去做好该计划的优化分配方案，让退役大学生招生计划的实施为中华民族的伟大复兴添砖加瓦。

参考文献

[1] 孙也刚，唐继卫，朱瑞. 我国专业学位研究生教育发展路径探究[J]. 学位与研究生教育，2014（9）：1-4.

[2] 汝绪华. 少数民族骨干计划研究生招生、培养与就业整体性治理研究[J]. 学位与研究生教育，2016（3）：52-57.

[3] 姜宁. 征集在校大学生入伍优惠政策现状分析及对策[J]. 高教论坛，2013（8）：25-27.

[4] 教育部，人力资源社会保障部. 关于深入推进专业学位研究生培养模式改革的

意见：教研〔2013〕3号［EB/OL］.（2013-11-04）［2018-05-11］. http://old. moe.gov.cn/publicfiles/business/htmlfiles/moe/moe_823/201311/159870.html.

［5］教育部办公厅. 教育部办公厅关于做好2017年招收攻读博士学位研究生工作的通知：教学厅〔2017〕2号［EB/OL］.（2017-04-05）［2018-05-11］. http://www.moe.gov.cn/srcsite/A15/moe_778/s3114/201704/t20170421_303012.html.

［6］教育部. 教育部关于印发《2016年全国硕士研究生招生工作管理规定》的通知：教学〔2015〕9号［EB/OL］.（2015-09-11）［2018-05-11］. http://www.moe.gov.cn/srcsite/A15/moe_778/s3261/201509/t20150911_207518.html.

［7］教育部办公厅. 教育部办公厅关于做好2016年"退役大学生士兵专项硕士研究生招生计划"招生工作的通知：教学厅〔2015〕9号［EB/OL］.（2015-09-25）［2018-05-11］. http://www.moe.gov.cn/srcsite/A15/moe_778/s3261/201509/t20150925_210859.html.

［8］教育部. 教育部关于印发《2017年全国硕士研究生招生工作管理规定》的通知：教学〔2016〕9号［EB/OL］.（2016-09-05）［2018-05-11］. http://www.moe.gov.cn/srcsite/A15/moe_778/s3261/201609/t20160905_277755.html.

［9］教育部办公厅. 教育部办公厅关于做好2017年"退役大学生士兵"专项硕士研究生招生计划招生工作的通知：教学厅〔2016〕7号［EB/OL］.（2016-09-02）［2018-05-11］. http://www.moe.gov.cn/srcsite/A15/moe_778/s3261/201609/t20160919_281499.html.

［10］教育部. 教育部关于印发《2018年全国硕士研究生招生工作管理规定》的通知：教学〔2017〕9号［EB/OL］.（2017-08-29）［2018-05-11］. http://www.moe.edu.cn/srcsite/A15/moe_778/s3261/201708/t20170831_312801.html.

［11］教育部. 关于做好2018年"退役大学生士兵"专项硕士研究生招生计划招生工作的通知：教学司〔2017〕5号［EB/OL］.（2017-08-28）［2018-05-11］. https://yz.chsi.com.cn/kyzx/zcdh/201710/20171013/1635361533.html.

Research on Optimized Distribution of Retired College Student Soldiers Plan
—Based on the perspective of policy implementation process

Jie Gao

Abstract: College students joining the army is an important strategic guideline for the reform of the national army. In order to ensure that the retired university student soldiers have more choices to grow and become talented, the Ministry of Education has set up a "Retired College Student Soldier Special Masters Admissions Program" to encourage retired college students to apply for master's degree. After the implementation of the policy, the using of the plan has always had problems such as the inability to complete it in full, which has affected the exertion of the policy to a certain extent. Based on the perspective of the policy implementation process, this paper proposes the reform measures of the special plan from the national level, the provincial level and the school level to realize the optimal allocation of the retired university student enrollment plan.

Keywords: retired college student soldiers plan; plan allocation; optimization reform

博士招生计划动态调整方法研究
——以西南财经大学博士招生为例

周 洁

> **摘 要**：西南财经大学从落实国家有关文件精神出发，结合学校研究生教育发展改革的实际，以博士研究生招生计划为试点，坚持科学性、导向性和现实性的原则，改革博士招生计划分配和下达办法，设置指标体系进行科学测算和调整博士研究生招生计划，有效推动生源结构优化，促进学科发展。
>
> **关键词**：博士研究生 招生计划 动态调整

自1978年恢复高考以来，我国博士研究生教育迅速发展。据统计，2017年我国博士研究生招生人数达到7.73万人。随着招生规模的不断扩大，实现公平、科学招生，完成为国选材的重任，是招生工作需要不断完善的地方。招生计划的分配作为招生工作的首要任务，起着协调教育资源，激发培养单位和导师的积极性，科学配置教学资源、博导数量和博士生数量的作用，从而实现提高培养质量的目的。因此，如何设置科学、合理的招生计划分配体系，成为招生工作发展急需解决的首要问题。

一、招生计划分配的背景

我国现行的研究生招生计划分配方案由国家统一制订并下达到各直

属院校和省级主管部门，再由省级主管部门下达到各高校。西南财经大学是教育部直属高校，因此每年的博士招生计划由教育部直接下达，学校研究生院再根据各培养单位的情况分配到二级培养单位。长期以来，招生计划的分配主要以上一年度的招生计划为分配基准，再根据当年的生源情况和教育部下达的计划进行适当增减调整。这种分配方式存在以下问题：

1. 计划分配科学性有所欠缺

这种分配方式主要是凭借工作经验和历史惯例进行分配，没有明确具体的分配标准和科学合理的依据。这导致计划分配受长期历史因素影响很大，不能充分结合学校的现行发展状况和发展需要，缺乏科学性。

2. 计划分配公平性不够

由于缺乏明确的分配办法，招生计划的下达受主观因素的控制，如何分配和调整主要依靠招生工作人员的工作经验及主观判断，局限性明显，很难做到公平和公开。

3. 计划分配的导向性不明确

按照以往数据和生源情况分配招生计划的方式，使得招生计划的"指挥棒"作用没有得到发挥，教学资源、教学质量、科研能力等因素对招生计划的增减影响不大，长此以往，会导致二级培养单位没有改善办学条件、发表科研成果的积极性，不利于学校生源结构的优化和学科发展的实现。

二、招生计划分配方法的调整依据和调整思路

1. 调整依据

2013年教育部、国家发展改革委和财政部联合出台了《关于深化研究生教育改革的意见》（教研〔2013〕1号）。文件明确指出：进一步完善计划分配办法，通过增量安排和存量调控，积极支持优势学科、基础学科、科技前沿学科的发展和服务国家有重大需求的学科。

在这一背景下，西南财经大学贯彻教育部文件精神，适应社会对人才的需求，结合本校的发展情况和特色，对博士研究生招生计划的分配

方法进行了探索与研究。

2. 调整思路

（1）结合实情，全面考量。

博士招生计划的调整办法首先应符合西南财经大学的具体情况和学科特色，充分考虑现行的生源分配基础和历史情况、生源结构、办学资源、师资力量等基础因素。

（2）重点倾斜，突出导向。

根据学校的发展规划和各培养单位学科建设以及学科发展计划，学校应将招生计划向重点学科予以倾斜，向重大科研项目、项目团队及主要负责导师倾斜，坚持"扶优扶强"，使招生计划起到引导学科发展的作用。

（3）科学合理，具体可行。

调整办法应该在坚持科学性的前提下，考虑可行性和可操作性，对选取的调整指标进行预处理和判断，同时还应结合学校特点考虑一些特殊性问题，设置调整政策和方案。

三、招生计划分配的调整方法

1. 计划分配指标体系的设计

影响招生计划分配的因素较多，有定量指标如导师人数、生源人数等，也有部分定性指标如政策导向等。为了使测算方法具有可操作性，本体系共选取了办学资源、科研现状、教学质量三个一级指标。学校为突出对科研能力的鼓励和向重大项目倾斜的原则，对科研现状指标赋予的权重高于其他两项。

第一，本体系在每一个一级指标下分别设置四个二级指标，从学位点数、重点学科、人才队伍、学科排名、学术论文、学术著作、科研课题、科研获奖、教学成果、学生获奖、生源质量、毕业人数12个方面反映一级指标的具体情况，并且各个二级指标都有相应的权重，具体指标及权重见表1。

表 1　　　　　　博士生招生计划动态调节指标及权重

一级指标	一级权重	二级指标	二级权重
办学资源	0.3	学位点数	0.2
		重点学科	0.3
		人才队伍	0.3
		学科排名	0.2
科研现状	0.4	学术论文	0.25
		学术著作	0.2
		科研课题	0.3
		科研获奖	0.25
教学质量	0.3	教学成果	0.3
		学生获奖	0.3
		生源质量	0.2
		毕业人数	0.2

第二，本体系进一步给二级指标设置得分点和相对应的分值，得分点和分值的设置经过学校有关职能部门的多次商讨，并征求了培养单位、部分博士生导师的意见。在尊重学科背景和历史现状的情况下，充分考虑了学校的发展规划（见表2）。

表 2　　　　　　二级指标得分标准

一级指标	二级指标	指标体系得分点
办学资源	学位点数	博士招生专业数×2
	重点学科	国家重点一级学科×10
		国家级重点研究基地、实验室×8
		国家重点二级学科×6
		省重点一级学科×4
		省级重点二级学科×2

表2(续)

一级指标	二级指标	指标体系 得分点
办学资源	人才队伍	千人计划、长江学者、杰青、国家级教学名师×10 新世纪百万人才、青年千人、优青×8 青年拔尖人才×6 省级学术和技术带头人×5 省级教学名师×3 二级教授×4 专职博导×2
	学科排名	排名前20之内×10 排名21~40×6 排名41~70×4 排名71~100×2
科研现状	学术论文	外文A级×15 外文B级×4 中文A级（《中国社会科学》《中国科学》《经济研究》×6；其他中文A级×3） 中文B1级×1
	学术著作	学术专著×2
	科研课题	A级（重大×15，重点×8；一般×6） B级（B1级教育部招标×4；其他B1级×2；B2级×1）
	科研获奖	A级〔国家级科学技术类一等奖×15，二等奖×8，三等奖×5；高等学校科研优秀成果奖（人文社科类）一等奖×15，二等奖×6；其他省部级一等奖×6〕 B1级〔高等学校科研优秀成果奖（人文社科类）三等奖×3；其他省部级二等奖×3〕 B2级（其他省部级三等奖×2）

表2(续)

一级指标	二级指标	指标体系 得分点
教学质量	教学成果	国家级（特等奖×15，一等奖×8，二等奖×6） 省部级（一等奖×4，二等奖×2，三等奖×1）
	学生获奖	百篇优博×15 百优提名×5 省级优博×2
	生源质量	"985""211"高校毕业的达到90%×5，80%×3，70%×1 全脱产人数100%×6，90%×4，80%×2
	毕业人数	毕业人数100%×6，90%×4

2. 计划分配的测算

博士研究生招生计划以"测算加调整"的方式进行分配。

（1）测算基数。测算以上一年度教育部下达的计划数，并扣除专项计划数和学校发展计划后的招生数为测算基数。学校预留部分发展计划用于鼓励重大科研项目导师和团队招生，并根据学校的发展情况推动博士生培养制度改革。

（2）测算方法。第一，逐项统计各单位二级指标各得分点，并核算得分情况；第二，汇总二级指标分数，并乘以二级指标权重，得出二级指标分值；第三，合计同一个一级指标下的二级指标分值，乘以该一级指标权重，得出一级指标分值；第四，合计一级指标分值，得出各培养单位总分；第五，培养单位总计划数除以全校各培养单位总分之和，得出招生计划系数；第六，招生计划系数乘以各培养单位总分，核算各培养单位当年的总计划。

3. 计划分配的调整

在测算结果的基础上，学校制定了调整机制，主要有以下三点：

（1）连续三年录取学生均为全脱产攻读的单位，招生计划增加10%。该规则是为了鼓励招收全脱产考生。根据培养过程中的反馈，全脱产考生用于博士阶段学习的精力更多，培养质量更好，因此鼓励各单位扩大全脱产考生的招生比例，优化生源结构。

（2）下达计划超出培养单位承载能力的，超出部分计划收回学校；博士招生计划动态调节突出了对优秀科研团队和导师的扶持，对于部分科研突出的培养单位，测算出的招生计划数已经超过该单位办学资源承载能力的，按最大承载能力下达，超出部分学校收回做二次分配。

（3）核算计划不满1个的，按1个计划下达；连续三年不满1个的，停止招生1年。个别培养单位规模小、师资少，因此在测算中可能出现极端情况。为保证招生的连续性，对于实际测算不满1个，仍按1个下达，但连续不满1个的需重新审核其培养能力和发展情况，停招1年，进行整改。

四、结束语

西南财经大学博士研究生招生计划动态调节办法的提出是对研究生招生计划分配的突破性改革，破除了以往的计划分配惯性，将招生工作的首要环节纳入科学的测算体系。核算标准经过充分讨论和协商，有理有据，更体现了招生的公平性和公正性。同时，该办法突出了向优秀科研倾斜的导向，符合学校的长远目标。该制度于2013年颁布试行至今，学校按这一制度分配招生计划，对生源结构做出了合理的调整，使优势学科和科研能力强的单位得到较大支持，对一些传统学院也产生了一定的冲击，迫使其思考发展方向和改革途径。但是制度的完善和改革不是一蹴而就的，新办法在实施过程中也存在一些问题和偏差，在未来的招生工作中还有待进一步研究和完善。

参考文献

[1] 唐小我，李志刚，陆卫江，等. 发挥招生计划杠杆调节作用促进高等学校发展方式转变 [J]. 成都理工大学学报（社会科学版），2013（1）：1-5.

[2] 孙友莲，魏少华，黄凤良. 高校学术型硕士研究生招生计划动态调整的方法研究 [J]. 学位与研究生教育，2014（6）：36-39.

[3] 段斌斌. 从"公平选才"走向"有效选才"：我国博士招生改革的路径选择

[J]. 高等教育研究, 2017 (10): 55-63.
[4] 张爱萍, 唐小平. 科学编制高校招生来源计划探讨 [J]. 中国高等教育, 2004 (20): 43-44.

Research on Dynamic Adjustment Method of Doctor Enrollment Plan
— taking doctor enrollment plan of Southwestern University of Finance and Economics as an example

Jie Zhou

Abstract: The Southwestern University of Finance and Economics has overhauled the distribution of doctor enrollment plan. The introduction of this method is based on the implementation of the spirit of the national document, and the actual development of graduate education in our university. Adhering to the principles of Scientificity, guidance and reality, setting up an index system for scientific calculation and adjusting the plan of doctoral enrollment, effectively promoting the optimization of student source structure and promoting the development of disciplines.

Keywords: PhD students; enrollment plan; dynamic adjustment

中美博士研究生招生制度的对比与思考

张艾妮

> **摘 要**：高等研究生教育肩负着为国家培养新时代人才的时代重任。各国为寻求高质量的生源群体都不断地进行探索，多国形成了自己独特的招生体系。随着立德树人、科学选才思想的贯彻落实，中国对博士研究生招生制度的要求不断提高。本文通过对比中国和美国博士研究生招生制度，对我国"申请—考核"制度的现状进行了探索和思考，并提出合理化建议。
>
> **关键词**：博士 中国"申请—考核"制度 美国研究生招生制度

在经济全球化、世界一体化前所未有的高速发展的情况下，各国在竞争中寻求发展，培养我国高层次人才的需求越来越迫切。博士研究生招生是博士培养的根基，根基的稳固决定着人才的质量。科学选拔出具有创新、科研潜力的人才，需要公平、严格、规范和全面的招生制度。因此，探索并发展符合我国国情的博士研究生招生制度便成为我们当前的任务。

一、我国博士研究生历史简况及现状

吴东姣等（2018）指出，改革开放以来，我国博士研究生招生制度经历了不断探索与进步，大致可分为三个阶段。1981年《中华人民共和国学位条例》的正式确立并实施，标志着我国开始进入招收并培养博士研究生的起步阶段。该阶段初步确立了各高校博士招生的自主权，其考试时间、考试形式和考试内容皆由招生单位自主决定。从1997年开始，我国博士研究生招生制度进入迅速发展期，在该阶段进行了普遍性、大规模的调整和优化，其中包括对招考形式的多样化调整，对招考专业的扩大更新以及对招考内容的创新和优化。该阶段招生人数增长，招生规模扩大，为现在的博士招生奠定了良好的基础（见图1）。

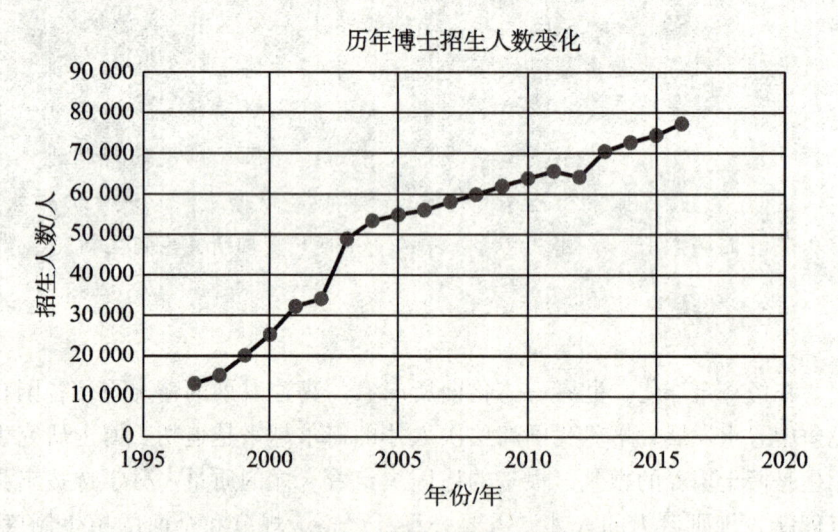

图1　1997年以来博士招生人数的变化

来源：中华人民共和国教育部教育统计数据。

从2005年至今，我国积极尝试博士生招生制度的更新改革，其选拔方式有了进一步的规范完善，目前有公开招考、申请—考核、硕博连读和直接攻博四种。博士招生也形成了相对完善系统的制度。

二、我国"申请—考核"制度现状及问题

1. "申请—考核"制度的现状

为了顺应国家对高层次人才的强烈需求，从国际经验中汲取精华，2013年3月，教育部在《关于深化研究生教育改革的意见》中，鼓励建立博士研究生选拔的"申请—考核"机制，强调对科研创新能力和专业学术能力的考察。吴清武（2016）提到，近年来，各大高校纷纷试行博士"申请—考核"制度。北京大学、清华大学、复旦大学、厦门大学等众多"双一流"高校都试行博士"申请—考核"制度，其中清华大学2016年全校将近一半的院系实行综合考试选拔；复旦大学2016年有15个院系用"申请—考核"制度招生；厦门大学2016年继续在理工、医学院全部实行该制度，拟招收人数达到招生计划数的80%左右。综上各例，我国"申请—考核"制度正处于积极探索试行的阶段，各校为切实选拔和培养出科研能力强而不是应试能力强的优秀博士生而努力着。

该制度的程序是首先由考生提出申请，向申请学校及培养单位提交要求的材料；其次是招生单位审核后通过面试或者笔试的方式进行选拔；最后择优录取。这种程序打破了形式单一的传统的招生考试的方式，为博士的多样化选拔打开了突破口，对现行的博士招生选拔方式进行了有益的补充。并且，叶晓力等（2017）提出，"申请—考核"制被认为是世界一流大学博士生选拔的科学有效方式，在实行过程中提高了培养单位和导师的自主选择权，使其能更加科学地选择优异的有潜力的学生，为提高生源质量和优化博士培养奠定了良好的基础。

2. "申请—考核"制度的不足

在中国，"申请—考核"制度是一种新兴形式，其运行模式和选拔标准还存在有待提高与完善的方面。

（1）对考生申请资格及材料的规定有待完善。

赵文鹤等（2018）指出，中国博士申请条件中对专家推荐信作者的职称和领域都做出了相应的限制。对于跨专业申请的考生，或者学校没有相应学科或教授的考生，只能找不熟悉自己的教授写推荐信，使推荐

信的有效性降低，而且不能完全真实地反映申请者的能力。此外，博士申请需要提交科研计划书，要求申请者提交读博期间的研究方向以及详细思路。对于跨专业申请或者在职申请的考生，很多人并不能做出详细规划，出现大量摘抄、滥竽充数的现象。这降低了审查资料的可信度和有效度，使科研计划书的审查流于形式。

（2）缺乏科学的一般性能力测试。

美国的 GRE（美国研究生入学考试）是对于考生是否具有更高层次水平学习能力的测试。该项考试主要考察数学、写作、语言能力三项，并不局限于专业，而是对考生的逻辑思维能力、批判性写作能力和综合学习潜力进行全面测试，题型以选择题为主，题量大，知识点多，灵活性强。赵文鹤等（2018）提出，中国的招生单位、培养单位在复试阶段设置了专业笔试或者面试，考核方式的单一性和传统性较强，并不能做到对申请者能力及潜力的全方位的考查。同时，培养单位出题人员数量和专业度有限，考评结果的科学性和全面性有待考量。

（3）初审流于形式。

虽然"申请—考核"制度有一定程度上的改革和创新，但是重考试的传统没有改变。在复审中，考试所占的比重和作用仍旧很大。这种考核机制容易筛选出应试能力强的学生，不能综合地考查学生。同时，该制度对申请材料的审核流于形式，不能通过此种方式检验学生的学术和科研能力，并未体现出考核的多样性和综合性。

三、美国博士研究生招生制度的经验及其与中国的对比

目前我国博士"申请—考核"制度还处在探索的阶段，普遍性和覆盖性不高，需要借鉴国外的先进经验提高自身规范度。

1. 美国博士招生制度的现状

美国博士研究生招生制度通过长时间的探索与发展，已经形成了较为成熟的招生体系。其体系深受美国的研究生招生考试的影响，该考试为一般性能力测试，由民间非营利机构主持。其命题人员来源于美国不

同的地区、民族和院校，可保证试题的专业性和公平性。该机构的分数证明供各高校参考比较，其接受度和认可度在美国很高。随着该机构在世界范围内考点的增多，美国的招生体系逐渐受到国际因素的影响，越来越具有国际化特征，留学生比例逐渐增多。

2. 美国博士生的申请条件及材料的概况

在美国，博士的申请条件有：学士及以上学位、一般性能力测试成绩、课程成绩要求，部分院校还要求申报专业的科研背景（自然科学类学科）；对于留学生则要求语言成绩，例如托福（TOEFL）、雅思（IELTS）等。赵文鹤等（2018）提出，目前美国一些招生单位尝试取消成绩要求，如芝加哥大学提出"更加强调申请者的整体表现"的观点。而需要提交的材料最主要的就是两项：推荐信和个人简历（CV）或个人陈述（PS）。和普通的简历（Resume）相比，CV更加详尽和全面，主要适用于学术类申请，重点突出了申请者过去在学术教育方面的人生成就。有人比喻说："CV是一份按年代顺序排列成的购物单，上面列出了这些年来你究竟买到手了哪些东西，而不是单单描述一下你这些年来买东西的历史"[①]。部分院校会对CV或者PS提出明确的问题，需要申请者做出相关的回答。该种类型的CV要求更加明确，并且方便学校做出公平的选择。

3. 中美两国申请条件的对比

在中国，博士需要满足的申请条件有硕士学位、思想政治道德水平合格、外国语水平合格、科研水平合格、推荐信和科研计划书。

申请条件及材料方面的对比可大致分为七个方面（详见表1）。从中我们可明确看出，学位方面，中国要求硕士学位或者部分院校可接受同等学力申请者；美国为学士学位。中国对思想品德、外国语水平和成绩单等证明材料做出要求，美国对一般能力测试和自我陈述做出要求。其中科研能力和推荐信为两者所共同要求。

---

① 此话来源于百度百科 https://baike.baidu.com/item/CV/2253942?fr=aladdin。

表1　　中国博士"申请—考核"制度与美国博士研究生招生制度的申请条件对比

制度	中国博士"申请—考核"制度	美国博士研究生招生制度
学位要求	硕士学位，或同等学力考生	学士学位及以上
思想品德	拥护中国共产党的领导，热爱祖国，遵纪守法，身心健康	无要求
外国语水平	有效的英语水平证明，例如英语四、六级，托福，雅思等	留学生要求语言成绩，如托福、雅思等
科研能力	发表过的论文或者科研成果	发表过的论文或者科研成果
一般能力测试	无要求	GRE、GMAT（研究生管理科学入学考试）等考试成绩
推荐信	2~3名申请学科专业领域的教授或专家（副高级以上）	2~3名专家推荐信
证明材料	成绩单、科研计划书等	自我陈述或自我简介

4. 中美两国选拔程序的对比

美国的选拔机制有两种，"集体负责制"和"单一负责制"。绝大多数学校采用前者，由学校招生委员会决定成员进行面试，可以采用视频、电话等方式，最后集体讨论决定录取的学生。后者是教授自己面试确定人选。

中国的选拔流程是，首先由学院或者研究生院进行资格审查，部分学校同时还具有初审环节；然后，培养单位进行面试或者笔试+面试的方式淘汰部分申请者；最后，根据国家下达的招生计划和招生指标进行录取。

四、对我国博士"申请—考核"制度的建议

面对以上问题，本文基于中国的国情，并参考美国先进而成熟的招生制度，对形成中国特色博士研究生招生体系提出以下建议：

1. 完善准入制度，制定科学准入标准

试行博士"申请—考核"要求合理、规范、科学的准入制度，赋予

申请者公平公正接受教育的机会。

（1）合理制定对专家推荐书及科研计划书的要求。

放宽对推荐专家的职称和专业的要求，完善和科学配置推荐信的内容，可以适当提升推荐信的真实性和有效性。合理参考推荐信，可以更科学地衡量考生的综合素质。同时，为了达到不让科研计划书流于形式的目的，可以考虑借鉴美国的自我简介（CV）或者自我陈述（PS）的方式。自我简介是美国研究生申请材料必不可少的一项，其内容涵盖了与申请专业相关的所有教育经历和学术经历。其要求范围更广，重点突出过去的学术背景和科研成就，并且申请者可适当补充对于未来学术的计划和学业的蓝图。这种形式的参考价值更大，可信度更高，可以改进科研计划书的不足之处。

（2）合理设置对外国语水平的要求。

陈亮和陈恩伦（2015）提出，外语等级是证明学生外语水平的一种外在工具性形式，不应该作为限制学生的申请条件。外语水平作为一种参考性的指标，针对不同的学科或者专业，应当设立不同的标准。招生单位应让培养单位自主决定外国语水平的申请条件，科学合理地进行选拔。

2. 合理运用初审材料，平衡要素成绩的权重

招生单位或培养单位应科学设置初审小组，对申请者的材料进行初步检测，除衡量材料的专业性，还应考虑材料的真实性。同时，招生单位或培养单位应科学研究每一项考核内容所占的比重，突出学科特色和考查的侧重点，科学选拔高质量人才；将初审步骤合理灵活地运用起来，例如有些学校将初审成绩纳入最终录取成绩中，减轻考试所占比重，多样化的考察形式，使优质生源达到最优录取，合格生源达到择优录取。

3. 适当加入一般性能力测试内容，优化考核形式

美国的一般性能力测试是全面的题库型考试，每年每月皆可报名参加，但每月只能参加一次，每年最多不能超过五次，考生可选择最高分数将其保留下来。该资格考试更加注重考生的综合素质水平，包括基本逻辑思维能力、基础写作能力、阅读能力和批判性思维能力。考生应该不受专业和学科的影响，在任何领域保持学习和思考的能力，真正做到全方位的发展。参考美国一般性能力测试，我国博士"申请—考核"制

度可以逐步完善考核机制。

（1）加入基础性写作能力测试。

目前，全国很多高校都明确指出，学生的写作水平越来越低，写作能力越来越差，一遇到写论文就表现出难受的样子，拿起笔不知道应该从何下手，如何明确表达出自己想要传递的意思。所以，写作水平对于考博的学生，应该成为一个硬性指标。本着考核考生是否具有匹配博士生培养目标的逻辑思维能力和批判性写作能力，可以把基础性写作能力测试作为测试内容，初步对考生进行考核。

（2）改变考试性质。

我国现行制度下，考试成绩只在报考当年有用，上合格线即可被录取，未上线则成绩作废。而美国的GRE考试有效时间为5年，在一定的时限内，考生可选择最优的成绩用来申请。参照此例，我国可限定考试有效期限为2~3年，让学生可以保留成绩。改变考试性质可以给予学生更大的自主选择权，使学生能根据自身条件，做出对自己更有利的选择。

五、总结

综上所述，我国博士"申请—考核"制度未来的改革探索之路任重而道远。各高校应该勇于打破固有思维，敢于尝试创新路线，灵活借鉴国外博士招生的先进经验，结合我国特色社会主义道路，形成独特的招生体系。我国应将对高层次人才的培养进行到底，为我国教育兴国的目标奠定扎实的基础。

参考文献

[1] 赵文鹤，王亚栋，何艺玲. 中美博士研究生招生制度比较研究[J]. 北京教育（高教），2018（5）：88-92.

[2] 吴东姣，包艳华，马永红. 改革开放以来我国博士研究生招生制度变迁的逻辑分析——基于历史制度主义视角[J]. 中国高教研究，2018（6）：37-43.

[3] 吴清武. 国内外博士招生制度比较下的申请审核制招生思考[J]. 科教导刊，2016（2）：3-4.

［4］叶晓力，欧阳光华. 我国博士研究生招考制度：历史、现状及趋势［J］. 研究生教育研究，2017（3）：26-30.
［5］陈亮，陈恩伦. "申请—考核"博士招生改革制度优化路径［J］. 学位与研究生教育，2015（4）：49-55.

Comparison and Thinking of Chinese and American Doctoral Students' System

Aini Zhang

Abstract：Higher graduate education shoulders the heavy responsibility of cultivating talents for the new era of the country. Countries are constantly thinking about recruiting high-quality students, forming their own unique enrollment system. With the implementation of the scientific talent selection and strategy, Chinese universities' requirements for the doctoral admissions system are becoming stricter. By comparing the enrollment system of doctoral students in the United States and China, this paper explores and considers the current status of the application-assessment system in China. In addition, it puts forward rationalization proposals for this system.

Keywords：doctoral students；application-assessment system of China；the enrollment system of graduate students in the US

微信公众平台在研招工作中的应用研究

——以西南财经大学研招办为例

刘若兰

> **摘　要**：在微信发展势头强劲的互联网时代，众多高校及很多高校部门已将微信公众平台作为宣传工作的重要平台之一。本文以西南财经大学研招办为例，分析了微信公众平台的特点，阐述了利用微信公众平台进行研招工作的可行性，探讨微信公众平台在研招工作中的作用及存在的问题，提出改进的方法。
>
> **关键词**：微信公众平台　高校　研招工作

随着互联网和智能手机的迅速发展，自媒体时代已经到来。中国互联网络信息中心（CNNIC）发布的第41次《中国互联网络发展状况统计报告》显示："截至2017年12月，中国网民规模达7.72亿，我国手机网民规模达7.53亿，占比达97.5%。"自2011年腾讯公司推出"微信"这项手机移动即时通信应用以来，截至2018年，微信用户已经突破10亿人数。微信成为最流行的即时通信应用，也已成为在校大学生们手机里不可或缺的应用软件。在自媒体发展日新月异的今天，微信等新兴手机媒体的出现，给高校研究生招生工作带来了新思路，同时也带来了新挑战。如何在自媒体环境下实现工作创新，已成为各高校在研究生招生工作中需要思考的重要问题。以微博、微信为代表的自媒体，借助互联网进行信息传播。其中微信公众平台不仅凭借其互动的便利性、传播的有效性等特点迅速崛起，还在高校对自媒体传播渠道的需求和大学生对优质内容的订阅需求的共同作用下持续发展起来的。因此，越来越多的高校开始重视和打造这块"手机公告栏"。笔者将以西南财经大学研招办微信公众号为例，就微信公众平台的特点及其在研招工作中的应用进行探讨。

一、高校微信公众平台应用的现状

微信公众平台由腾讯公司于2012年8月正式上线，同年同月华中科技大学推出国内首个高校官方微信公众号。各高校纷纷效仿，也引来大批学者对微信公众号在高校工作中的应用进行研究。随着微信公众平台的普及以及不断完善，微信公众平台已经成为高校工作的重要宣传平台。纵观近三年学者的研究可以看出，微信公众平台在高校工作中的应用大部分集中于几个方面：高校官方微信公众平台、高校图书馆管理、高校大学生思想政治教育、党建工作、团建工作。但是鲜有专门针对微信公共平台在研究生招生工作中的应用的相关研究。相信用心搭建，倾力经营，微信公众平台也会成为研招办工作的一种助力。

二、微信公众平台在高校研招工作中的必要性和可行性

（一）微信公众平台在高校研招工作中的必要性

一直以来高校研招宣传主要有学校官方网站发布资讯以及到生源地赴校宣传等方式，此类主流宣传方式对广大考生而言，不可避免地会有地域性和时间性的限制，特别是对于非本校甚至非本省的异地考生，很难为其提供及时全面的信息和帮助。微信公众平台的便捷性、即时性恰好能弥补这些限制。

(二) 微信公众平台在高校研招工作中的可行性

(1) 微信公众平台是依托微信而建的一个自媒体平台，操作简单易行，不需要再单独下载一个手机 APP（应用程序），通过微信即能实现考生与高校间的信息对接。

(2) 微信公众平台以智能手机、电脑及其他电子产品为载体。智能手机在高校中的普及率极高，加之高校里电脑、网络等硬件设施配备齐全，具备开展微信公众平台工作的良好基础环境。

(3) 2018 年 5 月腾讯公布的 2018 年一季度财报显示，微信用户首次突破 10 亿，说明微信作为即时通信软件已经具备了强大的用户基础。在校大学生正处于追求新兴事物、探索新知的最佳年龄段，并且具备较强的接受能力。这些也刚好是微信公众平台服务于高校考生的基础所在。

(4) 微信公众平台不仅可以同步推送研究生招生最新资讯，提高考生、家长及社会的关注；还可以彰显学校的学科和人文特色，使考生更多地了解和认同高校文化氛围，吸引更多优秀生源。

三、微信公众平台在研招工作中的尝试和应用

(一) 微信公众平台的申请

2014 年 11 月，西南财经大学研招办决定申请微信公众号，将自媒体作为新的载体融入研招工作当中。该公众号于 2015 年 1 月正式开始使用；2015 年 3 月，该公众号成功通过微信平台认证。西南财经大学研招办微信公众号于 2015 年正式运营以来一直秉持着严谨、求实的西财精神服务于广大考生。截至目前，关注人数已经超过 33 000 人。

(二) 微信公众平台的推广和运营

推广对微信公众平台的运营有着至关重要的作用。西南财经大学研招办公众号建立之初，推送图文消息时，将关注图标置于图文消息顶端，鼓励大家点击关注；将微信二维码置于图文消息末端，便于朋友圈的用

户收听和转发。同时，微信公众号二维码被置于西南财经大学研招办官方网站主页较为显眼的位置；招生宣传手册首页放置二维码图标，通过线上和线下不同渠道尽力推广。

微信公众号建立伊始的定位是西南财经大学研究生政策宣传、咨询、服务平台。公众号运营三年多，推送新闻200余篇，新闻内容主要有硕博通知公告、研招新闻、招生宣传等；自定义主菜单分别为"通知公告""简章目录"和"联系我们"，让考生能随时了解研招信息。

微信公众平台运营三年多，微信号关注人数一直稳步增长，作用显著。一是扩大招生信息传播途径，提高传播效率。微信公众平台在很大程度上扩大了招生宣传范围；用户订阅微信公众号接收信息，以及微信好友之间的互相传播，大大提高了高校研招信息的传播效率。二是学生对招生信息能够及时接收。在未使用微信公众平台之前，电话和官方网站是接收招生咨询的有效渠道。考生为了解研招的各类重要信息，只有通过打电话咨询或者登录官方网站查看，接收信息有滞后性，考生甚至有可能错过重要通知。

四、微信公众平台管理中发现的问题

（一）微信公众号运营团队建设不健全

不同于专业公众号的运营团队，西财研招办微信公众号由一名在职教师负责，由于精力有限，需要兼顾其他工作，该教师不能完全专注于公众号的运营，如若需要策划研招专题，便需要临时找学生协助。但由于学生对撰写、排版等技能的掌握程度参差不齐，也缺乏相关指导老师的有效指导。同时，因为是临时性工作，一些学生责任心不强，经常出现消极怠工现象；而且对工作的不熟悉导致内容发布格式不规范，缺少严谨性与逻辑性。这些因素使得微信公众号质量不稳定，有时有所下降。

（二）微信公众号推送内容过于单一

西财研招办微信公众号运营初始，推送的内容仅限于博士研究生和硕士研究生的招生信息，同步推送学校研究生招生信息网发布的信息。但是博士研究生和硕士研究生招生信息存在阶段性，如报名、现场确认、初试和复试等，这些阶段通知公告较多，其他时间段通知并不多，推送间隔时间长，这样微信会出现推送的断档。另外，公众号推送内容过于单一，除按部就班同步推送招生通知和公告外，并未利用空档期策划其他专题和内容，如与学校学习和生活相关的常识和故事，为即将前来西财求学的学生提供人性化服务；或节假日的文化宣传等，丰富推送的内容。这样，大部分已经通过研究生考试的用户可能会取消关注。

（三）微信公众号缺乏创意和特色

微信公众号要打造出有可读性、有特色的精品推文，才能吸引用户主动进行阅读。当公众号发布消息以后，信息的传播并未就此打住，好的推文很可能会在朋友圈中产生较好的口碑，信息会以裂变的传播形式被分享至微信群、微信朋友圈等基于强关系的传播渠道，吸引更多的人来主动关注公众号并阅读推文内容，文章的阅读量和点赞率也会随之提高。西财研招办微信公众号建立之初，推文内容、标题以及排版较为正式和严肃，注重保持平台的权威性，忽略了展现高校研招形象"亲民"的一面，没有形成自身的特色和创意，与其他学校研招公众号并无较大差异，阅读图文的用户大多数也仅是关注研招信息的考生，阅读量和点赞数均不是太理想。

（四）微信公众号用户黏合性不够

微信公众号的用户黏合性即是用户对该账号的认可度和依赖度，用户看重平台提供的内容是否具备可读性和实用性，后台的互动交流也是抓住微信公众平台用户的关键。然而，西财研招办微信公众平台的工作更多是研招信息的推送，即单方面将消息发布出去，并没有利用好用户反馈的功能与用户做到很好的互动交流，没有通过后台及时与用户进行交流，帮助用户解决疑难问题；同时没有充分运用自动回复的功能。合理的互动交流可以大大增强用户对微信公众平台的忠诚度。

五、微信公众平台管理改进措施

（一）细化微信公众号团队管理模式

随着西财研招办公众号运营时长的增加，用户逐渐分为各大高校有意向读研的本科生和西财本校的在读研究生两大部分。为了给用户提供更好的服务，该微信公众号的管理，应从由一个专职老师负责转变为在专职老师的领导下招募学生团队并充分发挥学生的力量，即在高校专职老师的带领下发挥学生的主动性和创造性。一个优秀的公众号离不开一个优秀的团队，学校应该主动健全相关机制和优化公众号运营队伍。西财研招办成立了专业队伍，将工作分工细化为信息收集、文字编辑、视频剪辑、图片处理、运营管理、活动策划等；定期召开微信运营团队会议，进行经验交流与运营心得分享，相互监督、相互促进；坚持"从学生中来，到学生中去"的原则，力求实现"生源需求第一、服务质量第一"的服务理念。

为了保证发布内容的正确性，西财研招办公众号运营团队制定了三级审核制度：编辑校对→运营团队负责人审核→招生微信负责人审核。审核主要包括几个关键点：标题是否正确，内容数据是否正确，排版是否精美，是否有侵权行为。审核过程中团队成员也可以提出其他详细的修改意见，待修改完善后再次审核；最后得到微信平台负责人的同意，择定合适的时间推送文章。同时，西财研招办公众平台严格贯彻实施"指导老师+学生团队"的运营管理模式，在充分发挥学生创意的基础上，加上指导教师来负责最后的把关审核。这样既可以保证平台的运营方向不发生偏差，又能增强平台内容的新颖性和对学生的针对性。

（二）提高微信公众号推文内容多样性

西财研招办微信公众号推送内容的局限和单一，很可能造成部分用户取消关注。其实，研招微信公众平台也能有丰富多样的版块，西财研招办可以尝试在以通知类推文为主的基础上加强原创类推文的推送，策划专题内容。西财研招办微信公众号尝试策划了"学院简介""名师风采""答疑解惑""复试小贴士"等专题,均获得了较好的效果,相关推文阅读量均在 3 000 以上,点赞数量也较通知类推文要高。在尝试丰富内容多样性的同时,在推文内容的呈现方式上,我们还应充分利用多媒体手段进行内容的展示。西财研招办尝试运用了短视频、H5 等多种形式,拉近用户距离,激发用户的阅读兴趣。如图 1 所示,2018 年 1 月至 6 月用户关注人数增长幅度比 2017 年同期提高。2017 年 4 月、5 月由于通知公告不多,推送内容单一,出现断档,关注人数增长缓慢;2018 年同期因推送考研复试小贴士等原创类推文,关注度持续提高,说明多样化的宣传素材和内容能吸引更多考生关注,取消关注的人数也减少了一些。

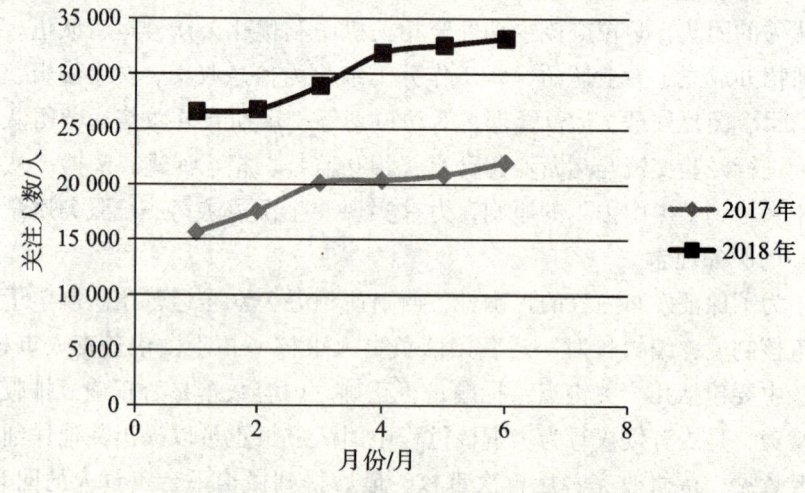

图 1 2017 年、2018 年 1—6 月用户总数增长对比图

(三)提升微信公众号创新性

西财研招办微信公众号建立之初,推文内容、标题以及排版较为正式和严肃,没有自身特色和创意,与其他学校研招公众号并无较大差异。为了给用户留下较好的印象,同时为打造一个有温度和有态度的研招微信号,西财研招办公众号转变推文风格,微信公众平台在每条信息的标题之前都加上一个栏目名称。这些栏目名称各具特色(如表 1 所示),有文艺范儿的,有清新自然的,文章标题更加风趣、活泼、接地气,用简

短有力的栏目名称来吸引用户的眼球，增加了互动感与吸引度，获得了良好的效果。西财研招办微信公众号在排版设计方面，以简洁明了、积极向上的暖色系风格为主，增加与同学们的亲密度。研招通知公告的排版设计采用独具本校研招办风格的统一排版，增加通知类推送的区分度。

表1　　　　　　2018年1—6月原创类文章信息汇总表

文章标题	专题	阅读量
《小研解惑丨成绩揭晓后，你想知道的问题都在这里！》	答疑解惑	9 187
《复试那点事——准西财小白必读》	答疑解惑	7 566
《@2018级SWUFER，快来pick你的录取通知书》	研招信息	6 879
《西财论剑丨你有一份复试通关秘籍请收藏！》	答疑解惑	6 375
《研路漫漫，祝你脚下之路即为坦途！》	考研祝愿	5 867
《致青春丨我们为什么选择考研？》	研究生生活	3 962
《我来到你的城市，只为pick你！》	研招信息	3 790
《520，准备好你的表白计划了吗？》	研究生生活	2 865

（四）增强互动，提升服务意识

微信作为一款即时通信工具，最大的特点就是交流互动，微信公众平台尤其应关注这个特点，通过不断和用户进行交流来强化和用户之间的黏性。对于招生公众号，与考生的互动交流尤为重要。交互的一种方式就是菜单的设置，西财研招办微信公众号通过科学合理设置3个主菜单和5个子菜单能很好地满足考生的需求，目前3个主菜单为"通知公告""简章目录"和"联系方式"，子菜单分为"硕士"和"博士"2类，用户可以通过快捷菜单迅速查找到关键信息，菜单人均点击次数达到1.15次/人。另一种重要的互动方式就是运营方与用户通过公众号直接交流。对于常见问题，可以设置关键词，这能很好地解决考生的问题，迅速便捷的回复能大大提高招生服务质量。此外，当考生关注并查看微信推送的消息时，可以在推送消息的最后进行留言，也可以在留言处进行咨询，由微信平台后台进行回复。当微信留言较多或者浏览次数较多时，说明关注该问题的考生比较多，可以进行解答并设为精选留言，阅读推文的用户均可看见。

六、结论

高校研招微信公众号已经成为传递研招信息不可或缺的渠道之一。随着技术的进步，以微信为代表的新媒体发展迅速，正确和恰当地利用微信公众号进行研招宣传，将为提高高校生源质量奠定基础。西南财经大学研究生招生办公室微信公众平台，是基于西财研招工作对自媒体传播渠道的需求和广大喜爱西财、怀着研究生梦想的学生们，以及想要了解西财研招工作的每一位用户的需求而搭建起来的。同时这也为研招工作提供了新思路，是探索新型招生服务模式的积极尝试。但是在西财研招办微信公众平台的运营和管理方面，还有不少提高和完善的空间。我们要充分利用自媒体微信公众平台点对点的宣传优势，提升研招信息的推送效率和质量，打造一个有温度、有态度、有影响力的高校研招微信公众号。

参考文献

[1] 中国互联网络信息中心. 第41次《中国互联网络发展状况统计报告》发布 [EB/OL]. (2018-01-31) [2018-05-21]. http://www.cnnic.cn/gywm/xwzx/rdxw/201801/t20180131_70188.htm.

[2] 曹世生. 高校官方微信公众号运营策略研究 [J]. 媒体营销, 2016 (5): 55-56.

[3] 白浩, 郝晶晶. 微信公众平台在高校教育领域中的应用研究 [J]. 中国教育信息化, 2013 (4): 78-81.

[4] 郑璐, 吴阳, 高宁, 等. 高校微信公众平台的创建与运营 [J]. 产业与科技论坛, 2015 (21): 73.

[5] 张姝. 微信成功的原因及其意义分析 [D]. 武汉: 华中师范大学, 2013.

A Study on the Application of WeChat Public Platform in Graduate Admissons
—Taking WeChat Public Account of Southwestern University of Finance and Economics Graduate School Admissons Office as an Example

Ruolan Liu

Abstract: With the development of the Internet and mobile media, the WeChat public platform has become the official platform for many universities and colleges to promote publicity. This article takes WeChat PublicAccount of Southwestern University of Finance and Economics Graduate School Admissons Office as an Example to Analyze the characteristics of the WeChat public platform, to Explain the feasibility of using the WeChat public platform in graduate admissions, to discuss the role and existing problems of the WeChat public platform in the graduate admissons, and propose ways to improve.

Keywords: WeChat public platform; college; graduate admissons

博士生公共基础课程改革对学术能力的影响分析

董 春 喻开志 申晓菊

摘 要： 博士生培养模式对博士科研能力的培养至关重要。本文基于西南财经大学2000—2016级本校博士生相关数据，在对博士生发表论文及"三高"成绩描述性分析的基础上，从实证角度评估了实施"三高"课程政策对博士生科研能力培养的成效。研究发现，"三高"政策的实施能够显著促进博士生科研的开展。并且，博士生的入学排名、"三高"成绩以及专业课成绩均与博士生发表论文的数量呈正相关。其中，"三高"成绩、入学排名影响较大，专业课成绩对博士生发文数量影响有限。建议西南财经大学应继续坚持实施"三高"政策，对教师的教学质量及教学方法加以重视，合理进行课程改革，注重因材施教；选拔博士生时应综合考虑博士生的学习能力和综合素质。

关键词： 培养模式 科研能力 "三高"政策

一、研究背景

当代国外主要有两种博士培养模式：一种是德国培养模式，实行传统的单一导师制，博士期间主要依靠导师培养来进行学术训练以及学位论文的撰写，强调科学研究，没有规定课程和学分；另一种是美国培养模式，注重结构化课程的训练，博士生必须按规定修满足够学分以及通过规定的课程后，才能进入论文写作阶段。传统的德国培养模式忽略课程训练，造成博士生基础理论不够扎实和知识面不够宽广，影响着其培养质量和科研创新能力。而美国培养模式给博士生带来有效的科研训练，显示出了人才培养的高效率，所以近年来许多欧洲国家大学的博士培养开始向结构化课程的博士培养模式转变。从20世纪90年代开始，英国正式开展博士生教育结构化课程，希望确保博士生具有良好的学科基础和科学素养，从结构化制度的角度来解决博士生完成学业的难题。德国和法国的博士生原来没有规定必修课程，现在研究生院为博士生开设了必修课程、选修课程和限选课程，而且课程内容不限于论文的范围，还要求定期开展学术讨论会。

博士生科研能力的培养可以推进相关学科的可持续发展，在我国全力推进"双一流"建设的大背景下，了解博士生科研能力的培养状况，对于学科建设和人才发展意义重大。虽然博士阶段教育起步较晚，但我国十分重视对博士科研能力的培养，《中华人民共和国学位条例》明确指出，培养部门通过制定课程计划，为博士生开设合理的、前沿的课程，可以间接培养博士生的科研能力，进而提高博士生的科研绩效[1]。而2013年颁发的《教育部、国家发展改革委、财政部关于深化研究生教育改革的意见》也明确提出，"加强课程建设。重视发挥课程教学在研究生培养中的作用。通过高质量课程学习强化研究生的科学方法训练和学术

---

[1] 中华人民共和国学位条例[J]. 新法规月刊，2004（10）：17-18.

素养培养"①。但是,一方面,在博士生培养过程中存在课程设置不规范、课程数量少、课程内容与硕士课程内容高度重复、课程内容与科研脱节等问题,导致课程对科研能力的训练效果不明显;另一方面,很多高校往往倾向于以博士点和硕士点的数量、知名专家教授人数、科研成果获奖的级别和数量来衡量博士生培养体系的好坏,对博士生课程建设的重视较少,对于结构化课程给博士生培养带来的提高效果认识不够充分。此外,虽然很多财经类高校均开设了"三高"课程,但目前尚未有学者对"三高"课程的实施效果进行量化分析。科研能力是衡量博士培养质量的重要指标,而学术论文发表量是衡量博士生科研能力的重要指标,因此本文的研究即以此为出发点、以西南财经大学为例展开研究。从2006年起,为了提高博士生的学科基础能力,西南财经大学开始实施博士生教育质量的系列改革,其中第一项改革就是实行"三高"课程——即经济学类博士研究生需修习高级宏观经济学、高级微观经济学和高级计量经济学;管理类博士研究生需修习高级微观经济学、高级计量经济学和高级管理学。与国内其他开展"三高"课程的学校有所区别的是,西南财经大学实行"三高"课程后,学生若有任何一门考试不能通过,就不能进入后续的培养环节如师生双选等,导致学习年限延长;若补考或者重修还不能通过者,将会被取消博士生资格。在此背景下,本文从博士生培养模式这一角度出发,定量分析"三高"课程对博士生科研能力的影响,以期为博士研究生的教育与培养提供一定理论依据。

二、文献综述

针对博士生培养教育与科研绩效这一问题,国内外已有大量研究文献。国外学者的研究较少,且主要集中于科研绩效的影响因素方面。Amabile(1983)、Woodman 等(1993)认为,个体的社会资源将在创新

---

① 教育部. 教育部、国家发展改革委、财政部关于深化研究生教育改革的意见 [EB/OL]. (2013-07-12) [2018-06-26]. http://old.moe.gov.cn/publicfiles/business/htmlfiles/moe/A22_zcwj/201307/154118.html.

过程中发挥重要作用。Bland 等（2005）提出了影响科研工作者科研生产力的三因素模型，即个体因素、组织因素、领导因素。Stack（2004）、Canibano 和 Alberto（2008）、Ogbogu（2009）分别研究了性别、年龄、婚姻状况对个体科研绩效的影响。Cornelius-White（2007）发现良好的师生关系是导师进行有效指导的必要条件，与导师之间建立良好的互动关系有助于博士生科研工作的完成。Whitelock 等（2008）、Sadowski 等（2010）进一步指出，强化对博士生的监管、增加对博士生导师的激励可以提高博士生的科研能力。Wang 和 Walumbwa（2007）、Chiaburu 和 Harrison（2008）从社会交换理论出发，认为高质量的同事关系可以促进资源和支持的交换，进而提高个体科研绩效。Thakore 等（2018）以孟加拉国、斯里兰卡和泰国为例展开研究，发现加强对研究方法的学习可以提高学术研究效率。

就国内研究来看，现有研究主要集中于博士研究生培养教育现状、科研绩效的衡量指标以及影响因素等方面。在博士研究生的培养教育方面，方贵庭（2010）以武汉大学为例，指出在博士研究生科研自主创新能力培养过程中主要存在创新意识不浓、创新能力不强、创新成果不多、创新政策不当、创新机制缺失、创新文化缺失等问题。张晓阳和甄鹏（2012）指出，与美国相比，我国博士的科技论文在发表论文总数、人均论文数、论文总被引频次、人均被引频次等方面依然存在较大差距，解决这一问题的关键在于改革现有的博士生培养模式。在衡量博士生科研绩效方面，古继宝等（2009）、冯平等（2009）认为，博士学位的本质意义要求博士生既是学习者，又是研究者，在接受学术训练的同时也直接参与科学研究活动，其科研绩效是博士生学习与科研活动成果的重要体现，因此学术论文发表是学术贡献的最直接的一种体现，也是衡量博士培养质量的具体指标之一。中国博士质量分析课题组（2010）也认为，学术贡献是衡量博士生培养质量的一个重要维度，可以直接反映其科研能力的高低。在博士生科研绩效的影响因素方面，胡蓉等（2008）指出，研究生课程的学习和这些课程的前沿性能够对研究生培养质量产生重要影响。吴鸿翔和汪玲（2011）指出，在高等院校中，科研工作的组织氛围是影响博士生科研绩效的重要因素。尹晓东和高岩（2014）以西南大学首届博士研究生国家奖学金获得者为例，认为针对培养环境和学术论文的评价体系是影响博士研究生科研创新能力的重要因素之一。柳卸林等（2013）以 2005—2012 年中国科学院大学授予博士学位的 525 名博士研究生为研究对象，重点分析性别、本科生源学校、本硕博是否跨学科以及学科差异等因素对其科研成果产出的影响。

综上可以发现，现有文献从多个角度出发对博士生科研绩效做了大量研究，为该领域的深入探索奠定了良好基础，但在中国财经类学校普遍实行"三高"课程的背景下，鲜有学者研究"三高"课程对博士生培养质量和科研创新能力的提升产生的实际效果，因此本文以西南财经大学为例展开研究。本文首先对博士生的论文发表数量和"三高"成绩进行描述性分析；然后在控制了影响学生表现的入学考试排名、"三高"成绩平均分和专业课平均成绩等变量的基础上，实证分析了"三高"政策实施是否对博士生科研表现产生影响；最后是研究结论和政策建议。

三、理论分析与研究假说

建构主义学习理论认为，学习是建构内在的心理表征的过程；学习者并非直接将知识从外界搬运到记忆之中，而是基于已有经验，通过与外界互动来建构新的理解。因此，学习的本质在于个体主动建构。学习过程包含两方面的建构：一方面表现为对新信息进行理解并利用已有经验对新信息进行超越和再次建构，另一方面则表现为对已有经验按照具体情况进行改造与再次建构。客观事物的意义因人而异，取决于不同个体对它的建构。因此不同的学习者以各自的经验对知识进行建构时，他们对知识的理解以及对知识的意义的看法是存在较大差异的。而个体基础越好、经验越丰富，对新信息进行建构的效率也就越高，因此本文提出第一个研究假说：

假说 1：入学考试排名越好的博士生，其科研能力也相应地越强。

"三高"课程的开设，可以帮助博士生在对新知识进行建构的过程中获得相应的知识和技能，从而增强其科研能力。因此本文提出第二个研究假说：

假说2："三高"课程的开展有利于增强博士生的科研能力。

博士生的学习成绩是可以有效反映其对相关知识和技能的掌握程度和自身努力程度的重要指标。博士生的努力程度与其科研能力有着正向关系，而在课程学习中获取的知识和技能也为后期的科研工作奠定了基础。因此，本文提出第三个研究假说：

假说3："三高"平均成绩越高，博士生科研能力越强。

四、研究设计与实证分析

（一）指标选择、数据来源与研究方法

1. 指标选择与数据来源

本文的被解释变量是博士生科研绩效。中国博士质量分析课题组（2010）认为学术论文可以直接反映博士生科研能力，因此本文采用博士生在校期间发表论文数量对其科研表现进行衡量。这一数据来源于历年优秀学术论文（B1级以上）数据库，该数据库包含了1999—2015级博士生发表论文的信息，样本量为710。

本文的解释变量为"三高"课程成绩和入学考试排名。本文用高级宏观经济学、高级微观经济学、高级计量经济学和高级管理学的成绩的平均值来对"三高"课程成绩变量进行衡量。这一数据来自博士生成绩数据库，该数据库包含了2006—2015级"三高"课程的成绩及平均成绩，样本量为2 238。本文采用入学时专业课、公共课成绩及总分的排名来对入学考试排名变量进行衡量。这一数据来自博士录取信息数据库，该数据库包含了2000—2016级所有报到注册博士生的入学时的全部基本信息，样本量为3 431。

本文所需数据包含西南财经大学2000—2016级所有报到注册的博士生，样本总数为3 431个。上述3个数据库分别来自西南财经大学教务处、学生工作部、学生职业规划与就业指导中心。在此基础上对原始数据进行清理，同时为了保护学生的隐私，本文经过了严格审查，确保没有披露任何学生的信息。

2. 研究方法

从现有的相关研究文献来看，多数学者采用计量回归模型对政策效应进行评估。断点回归是一种拟随机试验，能够有效利用现实约束条件分析变量之间的因果关系，其主要用于一个变量超过某个临界值时个体接受处置，否则就不接受处置的情形。一般而言，个体在接受处置的情况下，无法观测到其没有接受处置的情况；而在断点回归中，小于临界值即未接受处置的样本，可以作为一个很好的可控组来反映个体没有接受处置时的情形。该方法主要包括明显断点回归（Sharp Regression Discontinuity Design，SRD）和模糊断点回归（Fuzzy Regression Discontinuity Design，FRD）两类。第一类方法的断点临界值是确定的，即在临界值一侧的所有个体都接受了处置，接受处置的概率为1；反之，在临界值另一侧的所有样本都不接受处置，即接受处置的概率为0。第二类方法的断点临界值是模糊的，即在临界值附近，接受处置的概率是单调变化的。

本文主要研究西南财经大学"三高"课程政策对博士生科研成果的影响。而"三高"课程制度于2006年开始实施，本文已有明确的断点，即2006年。另外，"三高"课程是针对全体经管类博士生开展的，而不是一部分经管类博士生学习"三高"课程，另一部分博士生则不学习，所以这是一个在2006年断点处从0直接跳跃到1的变化过程。因此，本文拟采用明显断点回归法对"三高"政策的实施影响来进行实证分析。

（二）结果分析

1. 描述性统计分析
（1）科研论文发表量对比分析。

西南财经大学"三高"课程政策于2006年开始实施，因此本文以2006级为界点，计算前后4个年级所发表论文的平均数并对比分析。研究发现：2002、2003、2004、2005级人均发表论文篇数为0.319 5篇，而2006、2007、2008、2009级人均发表论文篇数为0.265 2篇。由此可知，实行"三高"课程后，博士生人均发表论文篇数是在下降的。图1所示为1999—2014级各级博士生发表论文的具体数量。

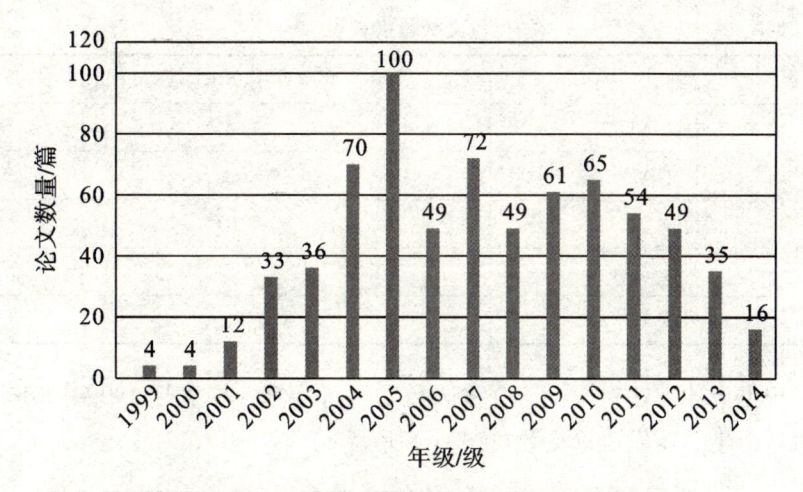

图 1 1999—2014 级博士生发布论文数量（换算前）

从图 1 可以看出，实行"三高"课程后，2006 级及以后的博士生发表 B1 级以上论文的数量并没有增加，反而出现略微下降的趋势①。针对此种情况进一步分析可知，2006 年西南财经大学科研处对论文发表评定方案做出了修改，导致发表 B1 级以上文章的难度有所增加，2006 年以后 A1 期刊的含金量与之前相比更高。因此，本文对博士期间优秀论文数量的衡量进一步进行调整：以 B1 期刊发表数为基准，一篇中文 A1 期刊等效于 5 篇 B1 期刊，一篇中文 A2 期刊等效于 3 篇 B1 期刊，一篇外文 A 级期刊等效于 2 篇中文 A1 期刊（即等效于 10 篇 B1 期刊），一篇外文 B 级期刊等效于一篇中文 A1 期刊（即等效于 5 篇 B1 期刊），一篇外文 C 级期刊等效于一篇中文 B1 期刊。具体换算方法如表 1 所示。

---

① 本文涉及学术论文的等级划分依据是 2013 年 5 月西南财经大学科研处制定的《西南财经大学学术期刊等级分类目录（2013 年版）》。在该目录中，中文期刊来源于南京大学社会科学评价中心发布的中文社会科学索引（2012—2013 版，简称 CSSCI），和中国科学院文献情报中心与中国学术期刊电子杂志社联合开发的中国科学引文数据库（2011—2012 版，简称 CSCD），划定 54 个 A 级期刊，197 个 B1 级期刊；英文期刊来源于 Thomson-ISI 发布的国际公认的《期刊引证分析报告（JCR）》（含自然科学版 SCI 和社会科学版 SSCI），划定 238 个 A 级期刊，1 845 个 B 级期刊，894 个 C 级期刊。

表1　　　　　　　　　论文数量换算表

类型	换算中文 B1 数量
中文 A1	5
中文 A2	3
外文 A	10
外文 B	5
外文 C	1

根据上述方法对博士论文发表数量进行换算，换算后1999—2014级各级博士生总体发表论文数量如图2所示。

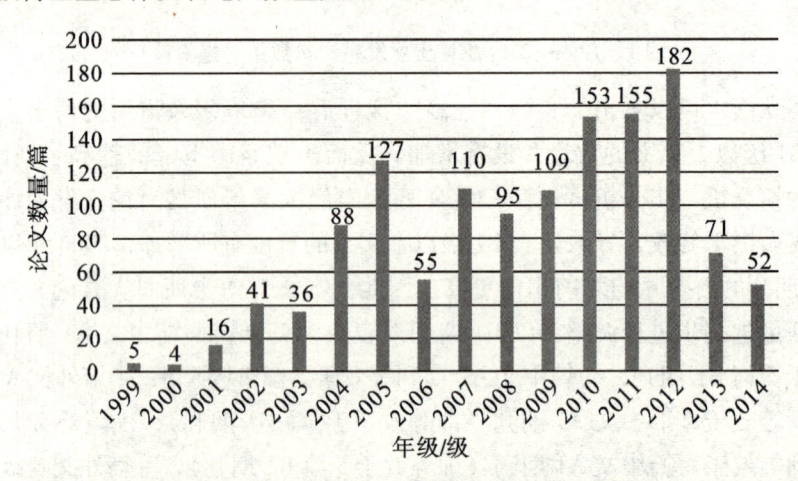

图2　1999—2014级博士生发表论文数量（换算后）

数据（按年级）：1999:5, 2000:4, 2001:16, 2002:41, 2003:36, 2004:88, 2005:127, 2006:55, 2007:110, 2008:95, 2009:109, 2010:153, 2011:155, 2012:182, 2013:71, 2014:52

由图2可以看出，经换算后，博士生发表的优秀论文数量在2006年实行"三高"课程后总体上呈上升趋势。其中，2013和2014级博士生的优秀论文数量较少的原因在于，本文所研究数据仅统计到2016年上半年，许多2013级和2014级的博士生还在进行学科基础训练或者正处在撰写论文的阶段，因此该统计结果并不能完全反映现实情况。同样地，以2006级为界点，计算前后4个年级所发表论文的平均数并对比分析，可以发现：在换算之后，2002、2003、2004、2005级人均发表论文篇数为0.390 3篇，而2006、2007、2008、2009级人均发表论文篇数为0.423 7篇，这表明在实行"三高"课程后，博士生人均发表论文篇数呈现不断上升趋势，但上升幅度并不大，原因可能是实行"三高"政策的年份还不是很长，该政策的效果还未完全显现出来。之后笔者计算 2010、2011、2012 级人均发表论文篇数，结果为 0.734 6 篇。与实行"三高"课程前相比，该人均篇数大幅提升，表明实施"三高"课程能够显著提升博士生的科研能力。

（2）"三高"成绩对比分析。

本文从博士生成绩数据库中提取出发表过优秀学术论文的博士生的"三高"成绩，并按照不同入学年份计算各科目成绩的均值，将其与该年总体平均成绩做对比，对比结果如图 3、图 4、图 5、图 6 所示。

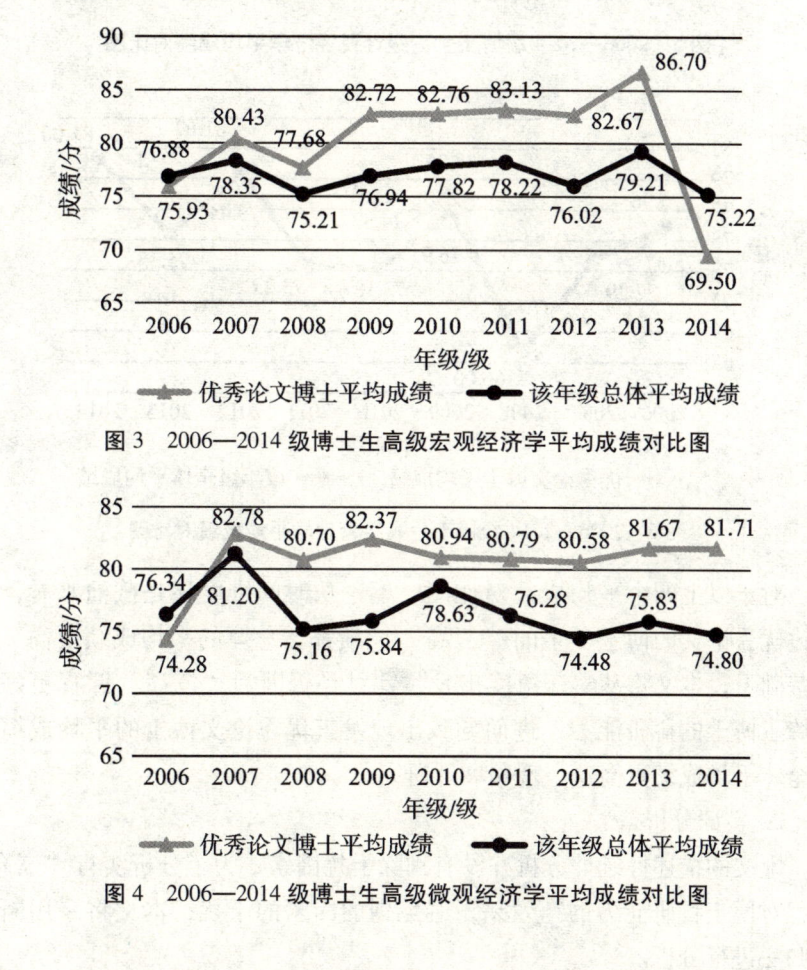

图 3　2006—2014 级博士生高级宏观经济学平均成绩对比图

图 4　2006—2014 级博士生高级微观经济学平均成绩对比图

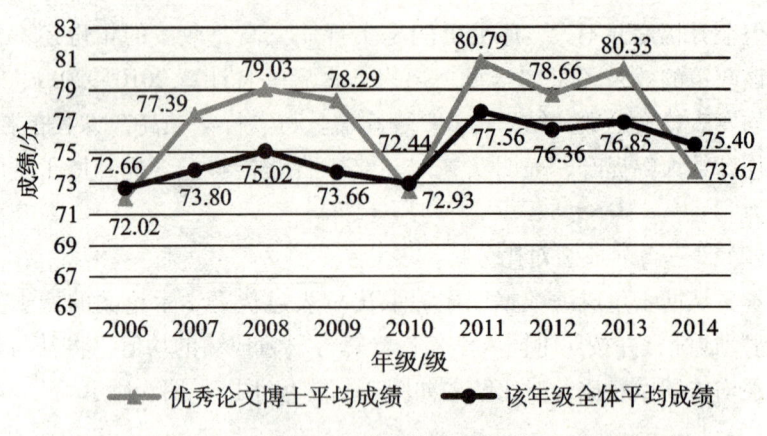

图 5　2006—2014 级博士生高级计量经济学平均成绩对比图

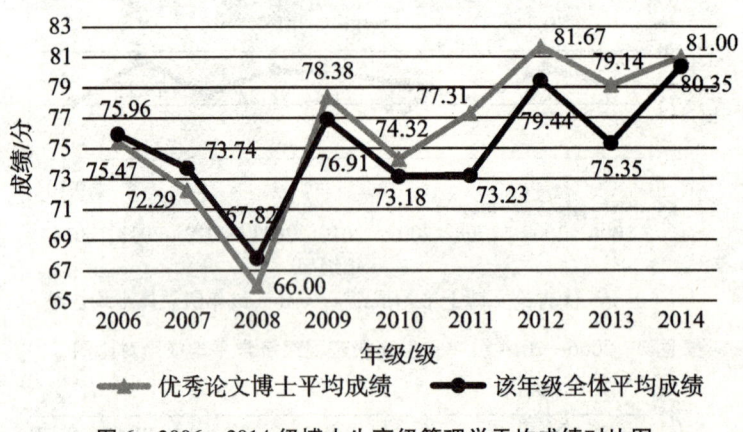

图 6　2006—2014 级博士生高级管理学平均成绩对比图

对于以上四个平均成绩对比图，不论从时间维度还是截面来看，发表过优秀论文的博士学生的"三高"成绩都比总体的平均成绩要高。在此基础上，本文将从实证角度出发，针对是否因为"三高"课程更好地锻炼了博士的科研能力，进而导致出现发表优秀论文博士的平均成绩要比全体平均成绩更高这一现象展开研究。

2. 实证分析

上文的描述性统计分析并没有剔除干扰因素，为了分析实行"三高"课程对博士科研能力的净效果，避免别的因素的干扰，本文将采用断点回归法进行分析。

(1) 模型设置。

本文将"三高"课程政策作为虚拟变量来识别"三高"课程对博士科研能力的影响,即利用是否为 2006 级及之后入学的博士生来判断是否学习"三高"课程,因此该变量取值如下:

$$D_i = \begin{cases} 1 & \text{if } t_i \geqslant 2006 \\ 0 & \text{if } t_i < 2006 \end{cases} \tag{1}$$

其中,D_i 是表示博士生 i 是否学习过"三高"课程的虚拟变量,t_i 是博士生 i 入学的年份。如果博士生 i 入学年份为 2006 年及之后,则 D_i 取值为 1,否则取值为 0。具体的模型构建如下所示:

$$Y_i = \alpha + \rho D_i + \theta_1 S_{1i} + \theta_2 D_i S_{2i} + S_{3i} + \varepsilon_i \tag{2}$$

其中,Y_i 是博士生 i 个人所发表的优秀论文数(B1 以上),α 是截距常数项,ρ 是实行"三高"课程政策对其发表优秀论文数的影响系数,ε_i 是随机扰动项。S_{1i}、S_{2i} 和 S_{3i} 均为影响发表优秀论文数的其他控制变量,其中 S_{1i} 是博士生 i 的入学考试排名,本文将排名除以该年博士招生人数做标准化处理;S_{2i} 是博士生 i "三高"课程的平均成绩,本文对各科成绩做标准化处理;S_{3i} 是博士生 i 专业课的平均成绩,由于数据库中专业课的平均成绩只有 2006 级以后的数据,因此这里将 2006 级以前缺失的数据用入学平均成绩来替代。

(2) 模型估计。

基于上述模型,本文首先采用 OLS(普通最小二乘法)估计得到基准回归,具体结果如表 2 所示。

表 2　博士生科研能力模型的 OLS 估计结果

变量	系数	标准误	Z 统计量	P 值
Constant	0.065	0.227	0.29	0.774
D_i	0.220	0.112	1.96	0.050
S_{1i}	0.201	0.105	1.91	0.056
S_{2i}	0.507	0.141	3.60	0.000
S_{3i}	0.194	0.318	0.61	0.543
样本数 = 3 431		非零样本数 = 485		$R^2 = 0.007\ 3$

在上面的 OLS 回归结果中，虽然 R^2 仅有 0.007 3，但是主要变量在 10%的水平下均为显著。结果显示，"三高"课程的开展会促使每位博士生平均多发表 0.22 篇 B1 级优秀论文。由于 S_{1i} 入学排名和 S_{2i} "三高"平均成绩是经过归一化后的变量，因此其系数含义只能用来对正负变化方向进行解释，可知入学排名越靠前、"三高"平均成绩越高的博士生，其发表优秀论文的篇数会越多。而变量 S_{3i} 专业课平均成绩的 P 值为 0.543，未通过显著性水平。

由于 Y_i 是一个计数数据，Y_i 的取值只能为 0 或正整数，而 OLS 的估计结果可能为负数，并不能够反映真实的情况，因此需要用计数模型来进行估计。在本文的研究中，Y_i 是博士生的招生人数，有 3 431 个样本，其中发表 B1 以上期刊样本数仅有 710 个，且未除去同一位博士生发表多篇 B1 以上期刊的情况，因此实际上 Y_i 中含有大量的"0"值。综合以上数据情况，本文在 stata 中采用"零膨胀负二项回归"进行模型估计。"零膨胀负二项回归"适用于计数数据中包含有大量"0"值的情况。模型估计结果如表 3 所示。

表 3   博士生科研能力模型的零膨胀负二项回归估计结果

变量	系数	标准误	Z 统计量	P 值
Constant	−1.447	0.387	−3.74	0.000
D_i	0.544	0.241 1	2.26	0.024
S_{1i}	0.590	0.225	2.26	0.024
S_{2i}	1.294	0.287	4.50	0.000
S_{3i}	−0.007	0.567	−0.01	0.990
样本数=3 431			非零样本数= 485	

在上面的零膨胀负二项回归估计结果中，总的估计样本数有 3 431 个，其中非零样本数有 485 个。结果显示，"三高"课程的开展以及"三高"平均成绩 S_{2i} 对博士生科研能力的影响均通过了 5%的显著性水平检验。其中，实施"三高"课程政策以后，每位博士生平均多发表了 0.544 3 篇 B1 级优秀论文。由此可知该政策的实施对提升博士生的科研能力以及西南财经大学整体的科研排名有很大的帮助。博士生入学考试排名 S_{1i} 也

在一定程度上影响科研能力,这表明科研能力与生源质量亦有一定的相关性。专业课平均成绩 S_{3i} 未通过显著性水平检验,表明该变量对科研能力的影响不显著。综上所述,S_{1i} 入学排名越靠前,S_{2i} "三高"平均成绩越高,该博士生发表的 B1 级优秀论文的篇数会越多。

与 OLS 估计结果相比,断点回归法评估结果显示,"三高"课程的开展使得每位博士生平均发表的 B1 级优秀论文数更多,这意味着"三高"课程政策极大地提高了博士生的科研能力。

五、研究结论及政策建议

本文旨在通过实证分析评估西南财经大学实行的"三高"课程政策对经管类博士科研能力培养的成效。结果表明:首先,从科研成果来看,以 2006 级为界点,换算之前,2002—2005 级人均发表论文篇数为 0.319 5 篇,而 2006—2009 级人均发表论文篇数为 0.265 2 篇,实行"三高"课程后,人均发表论文篇数不升反降。换算之后,2002—2005 级人均发表论文篇数为 0.390 3 篇,而 2006—2009 级人均发表论文篇数为 0.423 7 篇,实行"三高"课程后,人均发表论文篇数上升,但上升幅度并不大。计算 2010—2012 级的人均发表论文篇数,结果为 0.734 6 篇,与实行"三高"课程前相比,博士生的科研能力大幅提升。从"三高"成绩来看,不论从时间维度还是截面来分析,发表过优秀论文的博士生的"三高"平均成绩均高于总体博士生的平均成绩。其次,在实证分析方面,根据回归结果可知,"三高"政策的实施对西南财经大学博士生科研表现的影响是显著的,且能够有效促进博士生的科研进展。断点回归结果量化了"三高"课程的真实效应,参加"三高"课程能使每个博士生平均多发表 0.544 篇优秀论文。此外,"三高"成绩和入学排名靠前的学生发表论文数量也较高,因为"三高"成绩及入学成绩的高低反映了博士生自身的学习能力和对知识的掌握能力,表明学习能力强的博士生其平均发表论文数量更高。

综合以上分析可以发现,"三高"课程政策的实施有效地促进了博士生科研成果的产生,因此西南财经大学应该继续实施该政策。博士生的科研表现与"三高"课程成绩为正相关关系，因此在实施该政策的同时，学校应对教师"三高"课程的教学质量和教学方法加以重视，并注重"因材施教"。博士生发表优秀论文数量与其入学成绩成正比，入学成绩很好地反映了博士生的学习能力，因此学校在招收博士生时应将学生的专业课成绩及综合能力等考虑在内。

参考文献

[1] AMABILE T M. The social psychology of creativity: A componential conceptualization [J]. Contemporary Sociology, 1983, 13 (5): 637.

[2] WOODMAN R W, SAWYER J E, GRIFFIN R W. Toward a theory of organizational creativity [J]. Academy of Management Review, 1993, 18 (2): 293-321.

[3] BLAND C J, CENTER B A, FINSTAD D A, et al. A theoretical, practical, predictive model of faculty and department research productivity [J]. Academic Medicine Journal of the Association of American Medical Colleges, 2005, 80 (3): 225-237.

[4] STACK S. Gender, Children and Research Productivity [J]. Research in Higher Education, 2004, 45 (8): 891-920.

[5] CANIBANO L, ALBERTO F. Institutional oversight system of financial reporting: a Delphi study [J]. Revista Espanola De Financiacion Y Contabilidad, 2008, 37 (140): 795-829.

[6] OGBOGU C O. An Analysis of Female Research Productivity in Nigerian Universities [J]. Journal of Higher Education Policy & Management, 2009, 31 (1): 17-22.

[7] CORNELIUS-WHITE J. Learner-Centered Teacher-Student Relationships Are Effective: A Meta-Analysis [J]. Review of Educational Research, 2007, 77(1): 113-143.

[8] WHITELOCK D, FAULKNER D, MIELL D. Promoting creativity in PhD supervision: Tensions and dilemmas [J]. Thinking Skills & Creativity, 2008, 3 (2): 143-153.

[9] SADOWSKI D, SCHNEIDER P, THALLER N. Do We Need Incentives for PhD Supervisors? [J]. European Journal of Education, 2010, 43 (3): 315-329.

[10] WANG P, WALUMBWA F O. Family-friendly programs, organizational commitment, and work withdrawal: the moderating role of transformational leadership [J]. Personnel Psychology, 2007, 60 (2): 397-427.

[11] CHIABURU D S, HARRISON D A. Do peers make the place? Conceptual synthesis and meta-analysis of coworker effects on perceptions, attitudes, OCBs, and performance [J]. Social Science Electronic Publishing, 2008, 93 (5): 1082-1093.

[12] THAKORE R, LIYANAGE C, AMARTUNGA D, et al. Strengthening Skills in Research Methods in Higher Education Institutions to Improve Societal Resilience to Disasters [J]. Procedia Engineering, 2018, 212: 946-953.

[13] 方贵庭. 浅析博士研究生科研自主创新能力的培养——以武汉大学为例 [J]. 湖北师范学院学报（哲学社会科学版），2010, 30 (4): 107-110.

[14] 张晓阳，甄鹏. 中美理科博士科技论文量化比较分析 [J]. 科技管理研究，2012, 32 (12): 244-247.

[15] 古继宝，蔺玉，张淑林. 顶尖博士生科研绩效的影响因素研究 [J]. 科学学研究，2009, 27 (11): 1692-1699.

[16] 冯平，王晓平，范淑燕，等. 博士研究生培养质量调查的统计分析 [J]. 高等理科教育，2009 (3): 54-57.

[17] 中国博士质量分析课题组. 中国博士质量报告 [M]. 北京：北京大学出版社，2010.

[18] 胡蓉，魏永祥. 谈研究生培养质量影响因素及其改善 [J]. 中国高等教育，2008 (12): 40-42.

[19] 吴鸿翔，汪玲. 试论高层次创新性人才培养的学科环境——从全国优博论文的"共生效应"谈起 [J]. 研究生教育研究，2011 (4): 1-5.

[20] 尹晓东，高岩. 博士研究生科研创新能力培养主要影响因素的调查分析——以西南大学首届博士研究生国家奖学金获得者为例 [J]. 西南师范大学学报（自然科学版），2014, 39 (3): 171-177.

[21] 柳卸林，王亚娟，左铠瑞. 博士研究生科研产出影响因素研究 [J]. 科技进步与对策，2013, 30 (21): 144-149.

The Influence of Implementing the Policy of "Three Courses" on the Scientific Research Ability of Doctoral Students in Finance and Economics Universities

Chun Dong Kaizhi Yu Xiaoju Shen

Abstract: The training mode of doctoral students is very important for the cultivation of doctoral research ability. Based on the data of the doctoral students of Grade 2000 – 2016 in Southwestern University of Finance and Economics, this paper evaluates the effectiveness of the implementation of the "three courses" policy on the training of doctoral students by the descriptive analysis of the doctoral students' papers and the "three high" grades. The study found that the implementation of the "three courses" policy can significantly promote the scientific research of doctoral students. Moreover, the scores of admission, "three course" and professional courses are positively correlated with the research ability. Among them, the "three courses" scores and enrollment ranking have great influence, and the scores of specialized courses have limited influence. It is suggested that Southwestern University of Finance and Economics should continue to implement the policy, pay attention to the teaching quality and teaching methods of teachers, carry out curriculum reform rationally, pay attention to teaching students in accordance with their aptitude, and take into consideration the learning ability and comprehensive quality of doctoral students in the selection of doctoral students.

Keywords: training mode; scientific research ability; "three courses" policy

"三全育人"引领研究生教育质量保障体系构建

吕 玲

摘 要: 西南财经大学积极发挥课堂教学的主渠道作用,以"三全育人"理念引领研究生课程教学质量保障体系构建。学校全面落实《西南财经大学研究生课程教学管理实施细则》,设立研究生培养学生咨询委员会,组织研究生教学督导组换届与教学研讨;初步构建了学校督导组和管理者重点督导,学院督导组全面督导,研究生培养学生咨询委员会专项评估,行政人员全员巡查,每学期授课教师听课全覆盖的多元化课堂教学质量保障体系。同时,学校积极探索研究生教育质量指标体系构建,加强研究生教育质量信息平台建设。

关键词: 质量保障体系 "三全育人" 教育全面质量观 研究生教育质量

一、践行"三全育人"理念

"三育人"的概念最早是在 20 世纪 80 年代初被人提出的,它是指

"教书育人、管理育人、服务育人"。"三全育人"是指"全员育人、全过程育人、全方位育人",是一种新的育人理念和育人机制。"三全育人"的基本理念是围绕全面育人,关注每个学生的全面发展,将思想政治工作贯穿教育教学全过程,不断创新高校的人才培养模式。

(一) 全员育人

全员育人,是就育人主体而言,形成不同育人主体的育人合力,加强教师、学生、校内外资源的育人合力。该理念明确提出,高校全体教职员工都要有育人意识、担负育人职责,以思想和认识为先导,提高行动自觉,做到理论和实践的统一。高等教育应围绕国家教育方针,根据学生的身心发展特点,探索一条适合经济社会发展和人才培养内在需求的工作格局和体系,形成协同合作的育人团队。

(二) 全过程育人

全过程育人,是就时间维度而言,对学生个体成长的全过程加以介入。学生的成长过程是一种动态可持续发展的过程,因此,要以人为本,关注学生在成长各个阶段的身心发展规律,加强德育工作的针对性和连贯性,促进学生的全面发展。

(三) 全方位育人

全方位育人,是就空间角度而言,强调育人的各个方面,促进学生的德育和智育全面发展,突出素质教育,包括学生学习和生活的很多方面和环节。因此,高校要整合各方面的资源,把思想政治教育融入学生学习和生活的方方面面中,从理想信念教育、道德品质塑造、人格修养锤炼等各个方面着手,不断提升学生的综合素质。

综上所述,"三全育人"的几个维度从不同侧重点关注人才培养,但彼此联系、相互依存、密不可分,共同构成了大思政的育人格局。

二、高校教育质量保障体系的内涵

（一）教育全面质量观

全面质量管理是现代企业管理理论的一种观点。它是二战后萌芽，近代才逐渐发展起来的一种管理理论。教育全面质量观是以全面质量管理的理念为指导，运用现代教育技术和科学管理方法，以学生全面发展为教育目标，对教育过程和实施教育的各相关主体进行全面管理，实现学生的全面发展以及学校教育质量的不断提升。具体到教育实践中，它是由教师、学生、教学管理人员等全员参与，对学生培养的全过程进行介入，并对学生的学习和生活全方位进行关注的一种管理视角。

（二）高校教育质量保障体系

研究生教育质量，是指在特定的背景及环境下，结合经济社会发展、学科建设、学生的个人成长等发展目标，政府、高等教育机构、社会、研究生等主体对研究生教育过程与结果做出的价值判断。从目标达成的维度看，研究生教育质量包括人才培养、科研产出、社会服务、文化传承等各方面的产出质量。从需求满足度的维度来看，研究生教育质量包括高等教育机构所培养的学生、提供的服务及创造的知识等是否满足经济社会发展及学生的个人成长。

我们可将研究生教育质量保障体系定义为：为完成既定的教育教学目标、保障和提升研究生教育教学质量，我国政府、社会及研究生培养单位共同实施的包括质量标准体系、执行体系、评估体系、反馈体系等各子系统相互关联的集合。

三、改革举措

学校以"三全育人"理念为引领，以教育全面质量观为指导，以提升和保障教学质量为目标,从顶层设计入手,加强对研究生教育教学质量保障体系的设计。由组织领导、标准制定、决策执行、反馈改进等方面组成研究生教育教学质量保障体系的运行机制,并由内部评价体系、外部评价体系、评价机制等方面组成课程教学质量保障体系,将全校各项研究生教学质量管理活动紧密组织协调,做到系统运转、组织有序,反馈高效。

(一) 树立研究生课程教学全面质量观

课程教学是研究生教育的主渠道,承载着立德树人和为国家培养优秀人才的重要作用。然而随着研究生教育教学改革不断推进,各种改革探索意见百家争鸣,研究生课程和课堂教学这个阵地的基础作用却容易被忽视。学校非常重视研究生课程的育人作用,全面贯彻落实全国思想政治工作会议精神,坚持立德树人的根本任务,构建"大思政"的育人格局,加强德育教育。学校将全员参与、全方位联动、全过程评估的"三全育人"的教育理念融入研究生教育教学各环节,同时将企业管理领域的全面质量观也融入其中,构建多元化的课程教学质量保障体系,围绕学生课程教学的"满意度"和"获得感"开展各项工作。

(二) 构建多元化的课程教学质量保障体系

参考国内外高校对研究生课程教学质量保障体系的设计,结合学校研究生教育实际,体现全员参与、全过程评估、全方位联动的理念,我们设计的研究生课程教学质量保障体系包括内部评估体系、评价机制、外部评估体系三大部分。其中,内部评估体系以校内师生为参与主体,具体包括学校督导组、学院督导队伍、研究生培养学生咨询委员会、学生全员评教等各个评估主体。评估机制是指加强对课堂教学的不同侧面的评估,采取教学观摩、学情调研、学生全员评教、学院教师全员听课、研究生教育教学改革等不同方式对课堂教学标准达成情况进行考查。同时,学校采用第三方评估等外部评估体系,包括麦可思第三方评估、EQUIS(欧洲质量改进体系)国际认证、行业专家对课堂教学环节及学生学习效果评估等方式。具体如图1所示。

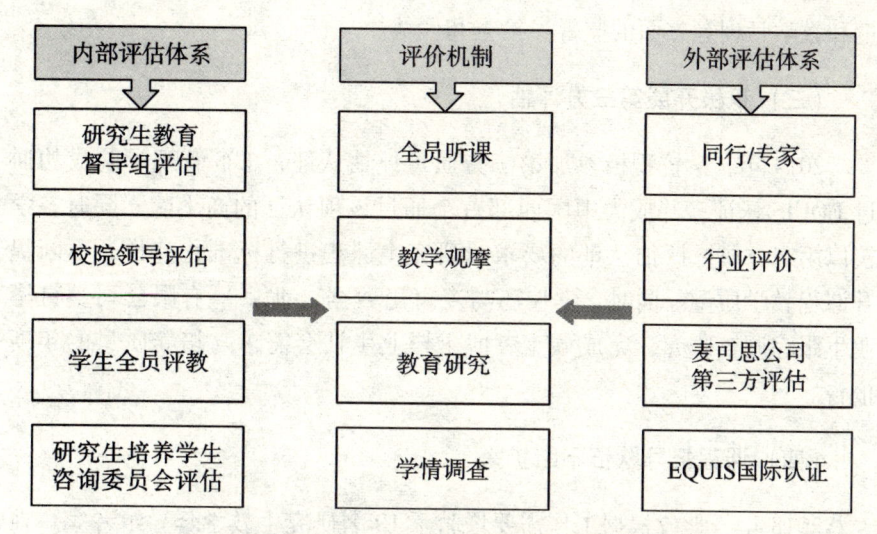

图1 西南财经大学研究生课程教学质量保障体系图

四、成效和经验

（一）研究生培养学生咨询委员会听课评课初见成效

借鉴清华大学等高校的先进经验，学校于2017年成立了首届"研究生培养学生咨询委员会"，加强学生对研究生教育教学的评估。不同于学生评教的评估方式，此项举措更加突出问题导向以及决策建议，更为积极主动地关注研究生课堂教学情况并及时反馈信息。研究生培养学生咨询委员会深入课堂进行听课、评课及信息反馈，对课程教学进行反馈的形式有利于促进教学相长。

（二）全面落实《西南财经大学研究生课程教学管理实施细则》

为加强对课程教学的管理，学校于2017年4月发布了《西南财经大学研究生课程教学管理实施细则》，从课程教学的各环节进行质量管理，加强学校—学院两级教学督导听课，听课范围覆盖全部教师；通过组织全员听课，加强对研究生课程任课教师的师德师风、教学秩序、教学质量和教学管理等方面的监督、检查和评估。

(三) 积极开展第三方评估

2014年，学校积极参加第三方质量评估认证，工商管理学院成功通过 EQUIS 认证，并成为中国西部首个通过该项认证的商学院。同时，学校以第三方质量评估认证的要求对研究生课程进行标准化建设，不断提升课程教学质量。同时，学校还与麦可思数据（北京）有限公司签订毕业生跟踪调查研究，完成硕士、博士毕业生社会需求与培养质量的年度报告。

(四) 课程督导队伍不断扩大

2018年，学校根据工作需要增聘了10名研究生教学督导组专家。在中国特色社会主义进入新时代，学校加快推进世界一流学科建设的新的历史方位下，高等教育事业发展面临新的机遇和挑战，对研究生教学督导工作在工作方向、工作内容、工作方法等方面提出新要求，需要不断加强督导工作与研究生课程教学质量保障体系其他部分的内在衔接，加快督导反馈机制的建立，不断提升教学督导的实际效果。

五、进一步改革思路

(一) 研究生教育质量保障指标体系的建立

课堂教学质量是研究生教育质量中的一个重要部分，随着课堂教学质量保障体系的不断完善，2018年，学校启动了研究生教育质量保障指标体系制定工作。根据办学定位、人才培养目标，学校建立了生源质量、培养质量、毕业论文质量、就业质量四大标准体系，并将依托调研数据、管理信息系统，将质量标准体系固化到人才培养全过程中。

1. 生源质量

生源质量具体包括优生占比和录取分数等方面。学校通过对录取学生的来源、学生入学考试成绩等指标进行分析，从生源质量来考量研究生教育入口关的质量。

2. 培养质量

研究生培养质量主要从研究生课程建设、导师指导、学生科研训练、教育教学改革与研究、学生培养成效等方面进行分析。学校通过对研究生课程、师资队伍、教学改革、导师指导满意度、学生科研及奖励、学生国际交流等指标进行分析，建立校内培养质量标准量数，对各培养单位的研究生培养质量及学校整体研究生培养质量进行测量。

3. 毕业论文质量

毕业论文质量从学位论文评审过程考核、论文答辩成绩、学生延期毕业情况等方面进行分析，通过对学位论文评审及学生毕业流程全过程进行考核，全面分析和了解研究生在论文质量、导师指导等方面的情况。

4. 就业质量

就业质量对研究生就业情况、升学情况进行分析，对研究生的就业率、升学率进行统计，尤其是对学生在优质单位的就业情况、学生考入名校的升学率进行统计，注重对学生出口的质量分析。

（二）研究生教育质量信息平台的建设

学校将探索把质量信息进行整合并定期公开发布的方式，通过公开研究生教育质量报告来加强外部反馈对质量保障体系的积极作用。学校将确立研究生教育质量评价指标体系，通过调研收集数据，并对各类研究生培养质量信息进行统计和分析，将数据分析结果汇总成质量报告。同时，学校将在每学期期末将各培养单位的教育教学情况进行汇总并评分，以评分结果作为各研究生培养单位培养质量的衡量依据。

（三）研究生教育质量文化的塑造

学校通过将"三全育人"理念、教育全面质量观融入研究生教育中，从质量文化的道德层、制度层、行为层、物质层等层面建设优良的研究生教育质量文化。首先，是要树立质量意识，对质量文化建设给予足够的重视；其次，要积极吸收企业管理中关于质量管理的理论，将其应用到研究生教育质量评估中；最后，通过全员参与并不断改进优化的方式，形成适合学校研究生教育发展的质量管理机制。学校将通过塑造良好的质量文化，来塑造优良的校风、学风、教风。

六、结语

随着学校研究生教育教学改革的不断推进，基于"三全育人"和教育全面质量观的多元研究生教育教学质量保障体系已初步建立。但我们也看到，现有的体系、机制还需进一步完善和改进，如：还需进一步加强质量标准系统建设，课程教学环节和其他育人环节的质量监控的有效衔接还需加强，质量保障体系的内部运行机制还需进一步协同。下一步，学校将继续探索研究生教育教学质量指数的建立和完善，同时积极学习国内外同行的先进经验，通过不断推动改革、研究与实践来提升学校研究生教育教学质量。

"Three full-education" leads the construction of quality assurance system for graduate education

Ling Lu

Abstract: Southwestern University of Finance and Economics adopt a positive attitude to develop the effect of teaching, "Three full-education" leads the construction of quality assurance system for graduate education. The university implement the " Detailed Implementation Rules for the Management of Postgraduate Courses in Southwestern University of Finance and Economics", established a postgraduate training student advisory committee, and organized the postgraduate teaching supervision team to change its course and teaching seminars. Preliminary construction of the supervision team and the management of the key supervision, the college supervision team comprehensive supervision, postgraduate training student advisory committee special evaluation, administrative staff inspection, the teaching evaluation cover the full coverage of the teachers each semester. At the same time, the university actively explored the construction of graduate education quality index system and strengthened the construction of graduate education quality information platform.

Keywords: quality assurance system; "Three full - education"; total quality concept about education; quality of graduate education

基于随机多目标理论的研究生评教研究

庞先伟　汉佳星

摘　要：学生评教作为教学质量考核的一种重要手段在国内高校得到广泛应用，但建立合理的评教体系是一项较为困难的工作。目前各高校采用的评教系统划分方式多样，有的是基于课程维度，有的是基于教师维度，有的是基于班级维度，不同维度评教体系下的评教对结果的影响偏差较大。同时，学生对评教活动重视度不够会严重影响评教质量。本文通过研究一次完整的自由评教活动，对评教数据进行有效性研究，同时采用多目标优化遗传算法提出一种新的评教形式，努力使评教成为了解教师教学情况的有效手段，利用评教真实地反映情况并有针对性地督促教师改革教学方式方法，从而提高教学质量。

关键词：研究生评教　随机多目标　聚类分析　波达计数法

一、学生评教系统的研究现状

研究生评教是对研究生教学质量的有效反馈，也是目前国内大多数高校了解教师教学质量的常用手段之一。评教是各大高校保障研究生教育质量的重要机制，在教学改革中发挥着积极作用，同时也是提高教学质量的有效手段，甚至在教师考核中起着非常重要的作用。基于评教的重要性，评教指标设计、评教过程和评教结果的科学性和客观性往往成为评估部门和教师关注的焦点。由于教育本身的复杂性以及教育理论和评价技术的限制，评教结果总会受到教师的质疑和批判，其不和谐表现在学生参评人数的不同导致评教结果的不同，同一教师在不同班级的评教结果差异较大，同一教师同一门课程在不同学期评教结果差异较大，等等[1]，这些都是教育理论研究者和教育管理者研究的热点。

目前国内研究研究生评教的文献相对较少，主要分为理论研究和实践研究两类。其中，理论研究主要关注学生评价指标的构建、学生评教权利、评教价值和意义、评价作用等，即这类研究主要是定性研究，学者对相关问题的看法没有太大的分歧。实践研究主要研究研究生评教的可靠性和有效性，有的对学生主观各因素对评教的有效性进行实证研究[2]，有的运用主成分分析、聚类分析等统计学方法来研究各项因素对评教结果的影响[3]，也有的通过问卷访谈方式对评教的影响因素进行统计分析，等等。大多数研究表明，虽然在受到评教理论、评价技术处理等多方面因素的影响后，评教系统得到的结果总体有效并保持一致性，但对个体可能存在评教失真的情况。

研究生教学的目标和方式方法同本科教学有着较大差异。本科教学更加强调对学生专业素质的培养，引导学生完成从基础教育到专业教育的跨越，因而本科所学知识的范围较宽，学习的内容较为固定。研究生阶段的教学目标主要在于培养学生的研究能力，更多地强调提升学生查阅文献资料的能力、撰写论文的能力、参与科研项目的能力以及学生运

---

[1] 崔国生. 大学生评教结果可信度的统计分析 [J]. 辽宁大学学报（自然科学版），2008（4）：377-380.

[2] 刘孝亮，何敏. 关于大学生评教结果影响因素的调查研究 [J]. 科教文汇（下旬刊），2016（1）：27-28.

[3] 李香林. 基于因子分析与层次聚类的学生评教数据挖掘 [J]. 吕梁学院学报，2014，4（2）：1-4.

用学术研究的方法和技术的综合能力。因此，两种性质完全不同的教育对教师的教学也提出了不同的要求，本科阶段更强调教师在课堂上对专业知识的传授，而研究生阶段则更强调教师对学生研究能力的培养。同时，研究普遍表明，评教者的不同背景对评教结果有着直接影响。例如，学生态度、学生年级对评教结果有显著影响[1]，学生专业（文理分科）与学生综合打分相关。同时，更多的研究证明评教和课程属性相关，往往学分越高、课时越多（尤其实验课时多）、专业性越强的课程越容易获得高分[2]。

学生评教系统能否获得准确客观的评教数据的基础在于评教主体的合作程度，根据巴纳德社会系统理论[3]，评教活动应该是合作意愿、共同目标与信息沟通三者的动态平衡。据调查，目前大部分高校评教活动都是在学校教务管理部门的强制下进行的，常见的做法是，如果学生不评教就不能查看自己的成绩或者不能进行选课，从而保障了数据的完整性。但此种做法使得评教行为变成一种应付，如果评教指标设置过细，那么对学生而言，评教工作就变成一项工作量巨大或者复杂的事，学生可能会有针对性地抵制评教，如开发"一键评教机"软件随机进行评教[4]等，导致花费较大精力的评教成为一个不可信的行为，也不能真实地反映评教对象的教学水平，学生评教的形式意义大于实质。

二、单级指标自由评教的实验

为了让学生的表述符合其真实意愿，我们进行了一次自由评教的实

---

[1] 唐云，冯宁宁，崔丽娟. 大学生评教态度的中介效应——基于昆明市M大学的实证研究[J]. 昆明学院学报，2017，39（1）：99-104.

[2] 吴培群，陈小红. 大学生评教的统计分析及其改革途径探讨——基于北京一所高校学生评教分数的统计分析[J]. 高教探索，2010（3）：78-91.

[3] 张俭民，董泽芳. 大学生评教如何从失真到归真——基于巴纳德社会系统理论的视角[J]. 教育发展研究，2014，34（19）：26-31.

[4] 网上有一键评教过程的介绍，见百度文库 https://wenku.baidu.com/view/77a1ead281c758f5f61f67a8.html。

验。此次评教从课程维度划分,学生可以对课程对应的主讲教师做七项指标的评价,分别为:教师与我的互动情况,课程学习的挑战度情况,课堂组织能激发学生主动学习与研究,讨论或作业等对我学习效果的提升情况,通过课程学习我的收获情况,愿意向其他同学推荐这位教师的程度,综合评价这门课程的课堂教学。其中每个指标设 1~10 分 10 个分值段,总分为 100 分。总分计算公式为:总分=指标 1+指标 2+指标 3+指标 4+2×指标 5+2×指标 6+2×指标 7。在评教过程中不设置任何限制,学生可以只评一个指标,也可以 7 个指标都评,也不限制是否必须每项打不同分值。最终,本次评教共 2 540 名研究生参与了对 496 名教师的评教,由于 2014 级和 2015 级学生较少,后面的数据分析处理均主要依据 2016 级和 2017 级学生的评教数据进行。

表 1　　　　　　　　评教人数分布表　　　　　　　　单位:人

学历层次＼年级	2014 级	2015 级	2016 级	2017 级	总计
硕士生	1	21	676	1 552	2 250
博士生	0	0	67	223	290
总计	1	21	743	1 775	2 540

相对于其他评教,本次评教活动评教指标较少且清晰明了,学生基本会在很短时间内完成评教。此次评教一共收集 16 306 条数据,其中有 309 条数据是七项不全的,七项评教数据为同一值的有 8 098 条,对应人数为 1 683 人。高达 66% 的研究生在评教中直接给了总体印象分值,充分说明学生对这种带细项的评教行为是失聪的,让学生成为专业的评教人员不具备现实条件,学生更多是根据教师的整体情况做一个整体分值判断,而不是按照每一个分项去打分。很多评教系统的设计不允许学生分项都选择同一分值,学生在选择分值时大多采用定一个总体印象分,然后在第一项或者最后一项选择一个相近的分值来规避该规则,导致评教分值偏离。

表2　　　　　　　　七项指标分值均相同人数分布表　　　　　　单位：人

学历层次＼年级	2015 级	2016 级	2017 级	总计
硕士生	9	346	1 126	1 481
博士生	0	35	167	202
总计	9	381	1 293	1 683

同时，由表3可看出，共有309人在评教的时候没有将7个评教指标全部完成，而仅仅选择自己感兴趣的指标来评分。其中，高年级的学生中，只有4.3%的研究生没有完成评教，而低年级有15.6%的人没有完成评教，这表明学生对待评教的认真程度随着学生年级的增加而逐渐加强。此项数据同大多数研究的结论（学生对评教地位的认识与年级呈显著的相关性但是逐渐降低）不一致，表明本次实验的样本学校的学生认识到评教数据对教学有改善作用，不认为评教活动是"搞形式走过场"，该校学生较大多数学校的学生重视评教工作①，这对客观评价教师、反馈教学效果、调整教学策略提供了价值基础。

表3　　　　　　　　评教不完整人数表　　　　　　　　单位：人

学历层次＼年级	2016 级	2017 级	总计
硕士生	23	219	242
博士生	9	58	67
总计	32	277	309
占比	4.3%	15.6%	12.3%

观察不同层次不同年级的研究生评分分值分布（见表4和图1），我们发现两个年级两个层次的研究生在课程学习的挑战度情况分项上打分较高，说明样本学校课程设置的难度较大，学生普遍认为课程具备较高的挑战度，需要花费较多精力才能完成课程学习。其余六项评价指标上，

---

① 付八军，冯晓玲. 大学生评教客观度的调查研究 [J]. 大学教育科学，2011（1）：35-40.

硕士分值分布较集中，低年级硕士研究生对课程认可度高于高年级。不同年级博士研究生评分差距明显，高年级博士研究生对课程认可度明显高于低年级。仔细分析两个层次在该学期开设课程的性质，发现样本学校低年级更多是公共课和基础课，高年级是专业课。数据表明，该样本学校的硕士研究生公共课和基础课同专业课评分差距不明显，相比较而言，专业课还需加强；而博士研究生公共课和基础课课程得分明显低于专业课，说明博士研究生的公共课和基础课同专业课差距较大，需要加大教学改革力度提高公共课和基础课的课程质量。

表 4 　　　　　　两个年级研究生平均分值表

项目	硕士 2016级	硕士 2017级	博士 2016级	博士 2017级
评教不完整人数占比	3.4%	14.1%	13.4%	26.0%
评教指标相同人数占比	51.2%	72.6%	52.3%	74.9%
人均评教次数(次)	3.85	7.39	2.94	8.85
教师与我的互动情况平均分(分)	9.06	9.15	9.41	9.07
课程学习的挑战度情况平均分(分)	9.34	9.54	9.48	9.46
课堂组织能激发学生主动学习与研究平均分(分)	9.09	9.20	9.43	9.07
讨论或作业等对我学习效果的提升情况平均分(分)	9.11	9.19	9.42	9.08
通过课程学习我的收获情况平均分(分)	9.12	9.21	9.42	9.07
愿意向其他同学推荐这位教师的程度平均分(分)	9.18	9.28	9.48	9.15
综合评价这门课程的课堂教学平均分(分)	9.16	9.26	9.47	9.13
总平均分(分)	91.52	92.58	94.48	91.39

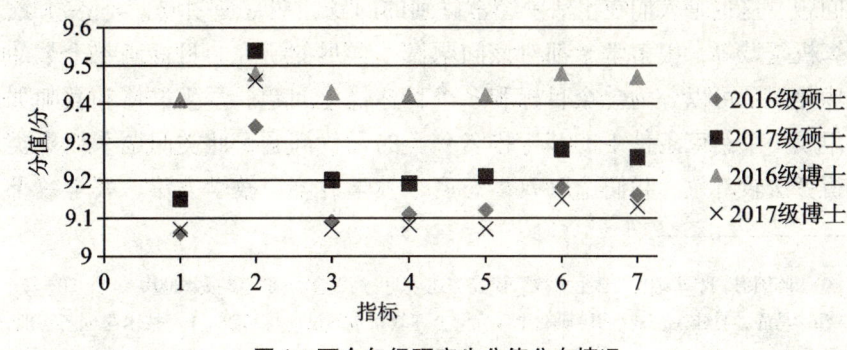

图 1　两个年级研究生分值分布情况

三、单级指标评教系统存在的问题和解决办法

通过对上文基础数据的分析，我们证明了学生评教的价值和意义所在。学生评教不仅仅是对教师教学质量优劣高低的评价，其更大价值在于能准确科学地对课程质量进行价值判断，为改进教学工作、加强师资队伍建设提供参考依据。学生对待评教的态度是认真的，但评教系统设计应该基于学生心目中"什么样的教学是最好的教学，什么样的老师是最好的老师"的标准。评教指标如果只有一级指标，会导致学生评教结果高度集中，单纯计算一个教师的平均得分不能很好地反映教师的教学水平，同时教学评价系统也不能为了追求量化而过度细化。笔者认为评教系统一般应包括教学态度、教学内容、教学方法、教学效果四项，二级指标有5~15项即可，指标体系设计的原则应该是简单易行[1]。

采用抽样调查的纸质评价表格方式进行评教，不仅后期数据处理工作量巨大，而且数据查询处理也不方便。在计算机技术高度发展的今天，利用网络技术设计的在线全员评教系统已经非常成熟。这类系统一般包含学生登录模块、评教模块、基础数据维护模块、查询模块、系统管理设置模块[2]，其主要功能是完成数据的收集和统计，但在数据后期处理上大部分系统功能不足，一般采用加权平均分或者单一综合评价模型来处理评教结果，这种处理方法在各教师得分相近时不能准确反映评教结果。

分析评教过程，我们可以将评教活动简化为一个随机多目标最优化的问题。这也是人们在生活中经常碰到的问题，在管理领域、经济领域、计算机领域等，很多学者都对该问题做了详尽的研究。目标函数个数的最优化问题可以分为单个目标和多个目标优化问题。学生群体和教师群体组成一个约束条件下的基于排名分类的最优问题，此类问题采用聚类分析算法较有效。我们选取教学态度、教学内容、教学方法、教学效果

---

[1] 陈国海. 我国高校"学生评教"研究综述 [J]. 高等教育研究学报，2001 (1)：30-32.
[2] 马静，赵桂荣，刘小勇. 研究生课程网上评教系统的设计与实践 [J]. 技术与创新管理，2011，32 (5)：518-521.

四个指标作为一级评教指标，精神饱满、内容丰富等 12 个指标作为评教二级指标，构建图 2 所示教师排名优先级评教指标体系，由学生根据各项二级评教指标对教师进行评分。评分分值采用十分制，由学生根据教师上课情况选择评分得到评分矩阵［Xij］n×12。针对 Xij，我们采用多目标聚类算法进行计算，得到每个老师的排名情况。

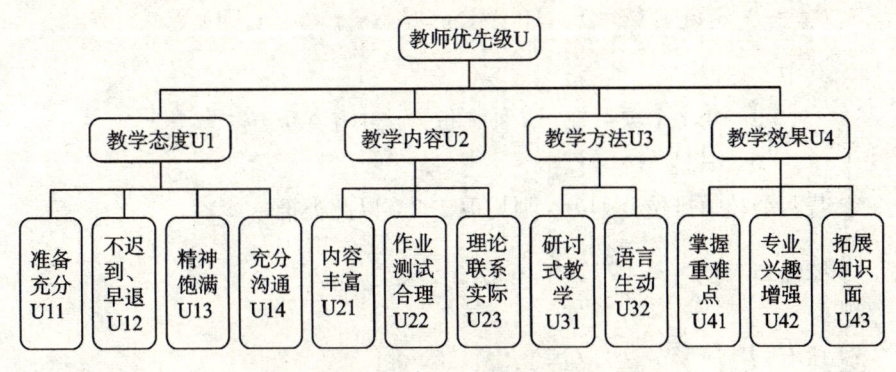

图 2 教师排名优先级评教指标体系图

常见的多目标聚类分析技术有波达计数法（Broad's method）、平均秩序法（Average rank method）、多德尔法（Dowdall method）、最小违规排序法（Minimum violations ranking）。其中波达计数法（Broad's method）是在投票选举中常用的一种排序方法，它根据每个选票上的顺序位置来计算得分，积分越高排名越靠前。波达计数法要求学生对所接触的老师做顺序排列，这对学生而言相对困难，很多时候学生选出特别好或者特别差的很容易，对中间部分则大多印象模糊，因此我们依然采用评分法来量化，根据评分确定初步名次后再进行计算。学生评教时对相应课程的教师的二级指标进行评定后，为对比单一综合法和聚类分析法的差异，我们先用综合指数法、层次分析法、加权算数平均法三种单一综合评价模型对名次进行计算，再采用模糊 Borda 组合评价模型对多个教师进行排名。对比四种结果可以清晰地发现，模糊 Borda 计算法不但能反映得分差异，也能反映排序差异。模糊 Borda 计算法具体步骤如下：

（1）第一步计算第 i 个教师在第 j 种评价方法下属于"优"的隶属度 u_{ij}：

$$u_{ij} = \frac{y_{ij} - \min_i\{y_{ij}\}}{\max_i\{y_{ij}\} - \min_i\{y_{ij}\}} \times 0.9 + 0.1$$

($i = 1, 2, \cdots, n; j = 1, 2, 3$)

(2)计算第 i 个教师排在 h 位的模糊频率 W_{ih}:

$$P_{ih} = \sum_{i=1}^{3} \delta_{ij}^h u_{ij} \quad (i = 1, 2, \cdots, n; h = 1, 2, \cdots, n)$$

其中,

$$\delta_{ij}^h = \begin{cases} 1 & \text{第 } i \text{ 个项目在第 } j \text{ 种评价方法中排第 } h \text{ 位} \\ 0 & \text{其他} \end{cases}$$

若两个教师排位并列 h,则均取 1/2,以此类推。

模糊频率: $W_{ih} = \dfrac{P_{ih}}{F_i}$ ($i = 1, 2, \cdots, n$)

其中, $F_i = \sum_{h=1}^{n} P_{ih}$ ($i = 1, 2, \cdots, n$)

(3)计算每个教师的模糊 Borda 数 B_i,将排序转化为得分:

$$Q_{ih} = \frac{(n - h)(n - h + 1)}{2}$$

模糊 Borda 数: $B_i = \sum_{h=1}^{n} W_{ih} Q_{ih}$ ($i = 1, 2, \cdots, n$)

其中,n 为评教教师的总数;W_{ih} 为第 i 个教师排在第 h 位的模糊频率;Q_{ih} 为第 i 个教师排在第 h 位的得分。以得分 B_i 为依据进行排序,即可得到评教教师中各教师优先级排名顺序。

四、实验验证

(1)现在 6 名教师参与评教,学生对每个二级指标进行评分,学生评分矩阵为 [X_{ij}] 6×12 (见表 5)。

表5　　　　　　　　　　　　学生评分矩阵表　　　　　　　　　单位：分

对象	u11	u12	u13	u14	u21	u22	u23	u31	u32	u41	u42	u43	总分	排名
教师A	7	8	8	9	5	7	8	7	6	6	7	7	85	4
教师B	6	6	7	7	6	6	6	5	6	5	6	7	73	5
教师C	9	8	8	7	8	8	7	8	8	9	9	8	97	1
教师D	7	7	8	7	7	8	6	8	7	8	7	7	87	3
教师E	8	6	9	8	8	8	7	7	6	7	8	7	89	2
教师F	8	8	7	8	6	7	6	8	7	7	7	6	85	4

我们分别用综合指数法、层次分析法和加权算数平均法得到6名教师的得分结果（见表6），从表6中我们可以看到，单一综合排序法相对总分排序能区别总分相同的人，但没有很好地反映名次差异。

表6　　　综合指数法、层次分析法、加权算数平均法计算表

对象	综合指数法		层次分析法		加权算数平均法	
	结果（分）	排名	结果（分）	排名	结果（分）	排名
教师A	0.993	4	7.031	5	6.921	5
教师B	0.855	6	6.126	6	5.943	6
教师C	1.128	1	8.034	1	8.154	1
教师D	1.018	3	7.198	3	7.034	3
教师E	1.022	2	7.409	2	7.259	2
教师F	0.983	5	7.044	4	6.971	4

（2）根据模糊 Borda 组合评价方法计算排名，我们先计算出隶属度 u_{ij}（见表7）和模糊频率 W_{ih}（见表8）。

表7　　　　　　　　　　　　隶属度表

对象	综合指数法	层次分析法	加权算数平均法
教师A	0.555	0.527	0.498
教师B	0.1	0.1	0.1

表7(续)

对象	综合指数法	层次分析法	加权算数平均法
教师 C	1	1	1
教师 D	0.637	0.606	0.654
教师 E	0.651	0.705	0.636
教师 F	0.522	0.533	0.518

表8　　　　　　　　模糊频率表

对象	排名 1	排名 2	排名 3	排名 4	排名 5	排名 6
教师 A	0	0	0	0.351	0.649	0
教师 B	0	0	0	0	0	0
教师 C	0	0	0	0	0	0
教师 D	0	0.345	0.655	0	0	0
教师 E	0	0.681	0.319	0	0	0
教师 F	0	0	0	0.669	0.331	0

（3）再计算每个教师的模糊 Borda 数 B_i，将排序转化为得分（见表9）。

表9　　　　　　　　排序转化为得分表

h	1	2	3	4	5	6
Q_{ih}	15	10	6	3	1	0

$$B1 = \sum_{h=1}^{n} W1hQ1h = 0.351 \times 3 + 0.649 \times 1 = 1.702$$

同理可得各教师模糊 Borda 数得分及重要性排序（见表10）。

表10　　　　　　　　组合评价模型得分及排序表

项目	教师 A	教师 B	教师 C	教师 D	教师 E	教师 F
结果（分）	1.702	0	15	7.380	8.724	2.338
排名	5	6	1	3	2	4

由表 10 可知，这 6 名教师的排名由高到低顺序为：教师 C、教师 E、教师 D、教师 F、教师 A、教师 B。教师 C 的领先度明显高于教师 D 和教师 E；教师被分为三个不同水平的层次，总分相同的教师 F 和教师 A，在模糊 Borda 数评价后也得到清晰区分。

五、结语

评教活动是教学评价的重要手段，也是促进教学改革和提高教学质量的措施。然而准确地掌握每个教师的教学水平是一项复杂工作，从教学评价指标的设计到结果的处理，我们都不能采用简单的统计方法。本研究表明，在评教系统中采用随机多目标组合评价模型会更加合理，评价活动也从分值和排名两个维度客观、全面地反映每个教师的相对教学水平。同时，本研究表明，基于随机多目标的网络评教系统才能发挥计算机信息系统的优势，我们应充分利用评教的原始得分进行全方位的评价，使评价结果更加客观、科学和准确。

参考文献

[1] 崔国生. 大学生评教结果可信度的统计分析 [J]. 辽宁大学学报（自然科学版），2008（4）：377-380.

[2] 刘孝亮，何敏. 关于大学生评教结果影响因素的调查研究 [J]. 科教文汇（下旬刊），2016（1）：27-28.

[3] 李香林. 基于因子分析与层次聚类的学生评教数据挖掘 [J]. 吕梁学院学报，2014，4（2）：1-4.

[4] 唐云，冯宁宁，崔丽娟. 大学生评教态度的中介效应——基于昆明市 M 大学的实证研究 [J]. 昆明学院学报，2017，39（1）：99-104.

[5] 吴培群，陈小红. 大学生评教的统计分析及其改革途径探讨——基于北京一所高校学生评教分数的统计分析 [J]. 高教探索，2010（3）：78-91.

[6] 张俭民，董泽芳. 大学生评教如何从失真到归真——基于巴纳德社会系统理论的视角 [J]. 教育发展研究，2014，34（19）：26-31.

[7] 付八军，冯晓玲. 大学生评教客观度的调查研究 [J]. 大学教育科学，2011（1）：35-40.

[8] 陈国海. 我国高校"学生评教"研究综述 [J]. 高等教育研究学报,2001 (1): 30-32.
[9] 马静,赵桂荣,刘小勇. 研究生课程网上评教系统的设计与实践 [J]. 技术与创新管理,2011, 32 (5): 518-521.

Research on Graduate Evaluation Based on Stochastic Multi-objective Theory

Xianwei Pang   Jiaxing Han

Abstract: As an important means of teaching quality evaluation, students' evaluation of teaching is widely used in domestic universities, but establish a reasonable evaluation system is difficult. At present, the evaluation systems adopted by various universities are divided into various ways. Some are based on the curriculum dimension, some are based on the teacher dimension, and some are based on the class dimension. The evaluation of teaching under different dimensions of the evaluation system has a large deviation. At the same time, students' insufficient attention to evaluation activities will seriously affect the quality of evaluation. This article studies the effectiveness of evaluation data by studying a complete free evaluation activity. At the same time, it proposes a new form of evaluation by using multi-objective optimization genetic algorithm, and strives to make evaluation is an effective means to understand the teaching situation of teachers. Comment on the true reflection of the teaching and targeted the teachers to reform the teaching methods so as to improve the quality of teaching.

Keywords: graduate evaluation; random multi-objective; cluster analysis; Borda Count

研究生培养信息化管理的思考与实践
——以西南财经大学为例

颜 涛

> **摘 要**：研究生培养管理的环节多、流程复杂、对数据质量要求高，我们必须借助信息技术，加强研究生培养的信息化建设，提高管理效率，提升服务师生的能力和水平。本文以西南财经大学为例，讨论研究生培养信息化管理面临的问题、解决的方案以及进一步建设的方向。
>
> **关键词**：研究生培养 信息系统 培养方案 排课优化

一、研究生教育信息化发展的新背景

《国家中长期教育改革和发展规划纲要（2010—2020年）》要求大力推进研究生培养机制改革，加强研究生培养管理。随着研究生招生规模的扩大、研究生培养类型的多样化以及国家对研究生教育质量要求的提高，研究生的培养管理面临新的挑战。研究生教育信息化是促进研究生教育改革创新和提高质量的有效途径，是推动转变教育管理职能、优化教育管理与服务流程、提高管理效率、加强培养质量监控的有力手段。在"双一流"建设背景下，建设好研究生管理信息系统是学校创建"一流学科"的内在要求，是进一步规范研究生培养过程管理、促进信息技术与培养管理深度融合、提高研究生培养质量的重要措施。

二、研究生培养信息化管理存在的问题

（一）研究生培养信息化管理存在的普遍问题

相较于本科生培养的信息化管理，研究生培养的信息化管理起步晚、环节多、个性化要求高。近年来国内一些先进高校在研究生培养信息化管理方面做了很多探索，取得了很大成效，但是大部分学校的研究生管理信息系统仍然存在较多问题，难以满足新形势下研究生教育快速发展对信息化管理水平的要求。它们主要存在如下几个共同问题：

（1）遵循研究生培养规律和业务逻辑的程度不够。研究生管理信息系统往往移植本科生管理信息系统的功能，注重教务管理，缺少科研训练、中期考核等过程管理，为研究生提供的个性化服务较少。

（2）数据流转不畅。许多高校的研究生管理信息系统缺乏包容性较强的顶层设计，内部模块之间数据流转不畅，形成信息孤岛，招生、培养、学位授予等大模块之间的数据流转出现很多问题。

（3）本科生管理与研究生管理各自使用独立的信息系统，给学校对师资、教室资源的统一安排带来困难，造成教师在研究生课程和本科生课程上产生时间等方面的冲突。

（二）西南财经大学研究生培养信息化管理存在的问题

我校的研究生培养管理信息系统除了以上几个方面的问题，还存在如下问题：

（1）模块功能单一。系统功能主要集中在排课、选课方面，开题报告、科研训练等研究生的培养环节未进入系统。

（2）系统交互友好性差。页面上业务分类较为混乱，浏览器兼容性差，简单业务操作复杂。

（3）系统二次开发困难。现有的系统构建复杂，并未严格遵循研究生教育管理的业务逻辑，加上开发公司后期维护较差，进行二次开发比

推倒重建更加耗时费力。

在研究生教育迅速发展的背景下，研究生培养管理需花费大量的精力在基础业务上。我校系统管理效率较低，已经跟不上研究生教育发展的步伐。为促进和加强研究生的规范化管理，提高学位与研究生教育的管理质量和服务水平，以系统建设推动研究生培养管理创新，我校决定更换研究生管理信息系统。

三、建设程序

（一）整体规划

对标一流研究生院培养管理模式，我校研究生院培养办公室对培养的业务功能构成、模块间的逻辑关系、阶段建设进行了整体规划。

（二）开展系列调研

我校研究生院组织专项调研工作组到浙江大学、四川大学、电子科技大学、湖南大学、中南财经政法大学等院校进行了调研，学习兄弟院校在研究生培养管理系统建设方面的先进做法和成功经验，了解几家大型教育管理信息系统公司的系统的实际使用状况。

（三）师生用户需求分析

我校研究生院对日常管理中遇到的问题进行了系统梳理，并向师生和研究生教学秘书征求系统改进的意见和建议，形成问题清单和改进方案，着力解决长期困扰师生的系统问题，将研究生培养管理中大批量的重复性的工作全部借助系统完成。

（四）绘制工作流程图

我校研究生院对研究生培养工作制度和流程进行了系统梳理，并绘制了各项工作流程图。此项工作使研究生院和学院的管理职责更加明确，业务边界更加清晰，原来较为烦琐的工作流程得到了优化，同时也有助于系统开发公司迅速了解业务需求。

(五) 功能测试与反馈

对每一项新上线的功能,我校研究生院均以学生、教师、学院、研究生院四个系统角色身份进行功能测试,对学习计划制定、选课、成绩录入等需要多人测试的功能,分批组织学生、教师进行测试。测试中发现的问题及时反馈至开发公司,由开发公司进行调试,研究生院再进行测试并反馈。

四、主要建设内容

(一) 规范课程库管理

课程数据是教学管理系统的最底层数据,课程数据的完整性、准确性直接关系着后续培养环节的质量。随着使用年限的增加,原来系统的课程库有非常多的冗余课程,课程库的建设首先要清除冗余课程,缩减课程数量。我校各学院首先以最新修订的培养方案中的课程为基础课程库,将纸质培养方案中的课程重新录入系统。系统以课程编号作为课程的主键。由于原来的课程代码缺乏代表意义,需要重新对课程进行编码。研究生院制定了新的课程编码规则,使课程编码更统一规范,更有代表意义。各学院负责对本单位专业课程进行编码,研究生院对公共课程以及多个学院共同开设的专业课程进行编码。课程数据不仅包括中英文名称、开课层次、学分、课时等基本信息,也包含课程的教学目标、教学内容、教材、参考书目等信息。为加强课程的后期维护,系统中明确了每门课程的负责老师,负责老师可对课程的信息进行维护修改。维护修改实行严格的院校两级审核机制,对课程做出的任何变动,经学院、研究生院审核通过后才有效。

(二) 优化培养方案工作流程

培养方案是培养管理的指导性文件。培养方案内容多,内容间联系紧密，培养方案修订工作流程多、手续复杂。过去的培养方案修订通常是采用填写模板，先制订完成纸质方案，然后把纸质版培养方案录入系统，在这个过程中存在两个风险点：一是纸质版方案内容的填写、修改容易出错；二是将纸质版培养方案录入系统时容易出错，存在系所、学院审核把关不严，纸质版与系统录入信息不一致等问题。在此次系统建设中，我校对培养方案修订流程进行了重新设计。学院修订时不再填写纸质培养方案，而是重点填写培养方案修订意见表，清楚说明修订前后的变化。由研究生院从系统中将上一年培养方案复制出来，系所、学院线下形成培养方案修订意见后，由教学秘书根据修订意见在复制过来的培养方案中进行更改，经学院负责人、研究生院审核通过后培养方案正式生效。对修订流程的改造，不仅减轻了学院的录入工作和审核工作，使学院和研究生院能清楚把握修订变化，还减少了录入工作量，提高了培养方案的准确性，保证了纸质版与系统录入培养方案的一致性。

（三）完善排课冲突检测功能

系统的排课功能重在课程的冲突检测，课程冲突主要有 5 种：第一种是同一老师在同一时间有同一层次的课程产生的冲突；第二种是同一教室在同一时间的课程冲突；第三种是同一老师在同一时间的本科课程与研究生课程之间的冲突；第四种是同一专业开出的专业课程之间的冲突；第五种是专业课与公共课之间的冲突。前两种冲突一般的排课系统都能解决，后面的 3 种是此次学校更换系统要重点解决的问题。从调研情况来看，本科课程与研究生课程的冲突是普遍存在的，其原因是本科与研究生教学管理系统没有打通，排课往往是同时进行，容易造成研究生课程和本科生课程的时间冲突。部分高校采取了排课时加强排课沟通协调的方式，研究生教学秘书和本科教学秘书制订好排课计划后再进行排课；也有高校采取给研究生教学秘书一个本科教学管理系统账号的方式，在排课时研究生教学秘书可以先查看该老师本科课程的排课情况，再来安排该老师的研究生课程。然而这两种方法都只能在一定程度上缓解冲突问题，不能从根本上避免排课冲突。在研究生管理信息系统与本科生管理信息系统不统一的客观条件下，我们首先统一研究生与本科排课数据的字段，设计一个中间表，中间表可以实时读取本科与研究生的排课数据。两个系统排的每一门课都会与中间表的数据进行冲突检测，这样可以解决同一老师在同一时间的研究生课程与本科生课程产生冲突的问题。第四、五种冲突被允许在小范围内存在，因此从技术上不好严格控制，而可视化排课可以很好地解决这一问题。可视化排课就是在课表中把同一专业所排课程每天的分布情况显示出来，先排公共课和必修课，这样在排专业课和选修课时就可以根据公共课和必修课的排课情况来选择时间，减少排课冲突。

（四）加强培养过程管理

培养过程管理是指对研究生培养的每个环节实施控制，将各个环节相互关联起来，一个环节的输出将直接成为下一个环节的输入。研究生培养过程环节包括课程成绩、科研训练、中期考核、开题报告、科研成果、预答辩、论文评阅等。这些环节贯穿于研究生培养的整个过程，对研究生培养具有质量把关作用。但是在以往的长期实践中，我校的过程管理还存在一些问题：第一，对研究生培养环节的节点监控不到位，对毕业论文、科研成果能进行重点把关，但是难以从整体上实现对研究生培养全过程的管理；第二，在过程环节中导师对研究生的学习情况了解不够，指导不足，导师对研究生的课程学习进展、成绩缺乏了解，对研究生的科研训练缺乏指导；第三，过程环节管理上没有形成严格的节点控制关系，存在一个培养环节还未通过又进入下一环节的现象。

此次在系统的整体架构中，我校把研究生培养的过程环节全部纳入系统，而且对过程环节实行节点控制，系统对研究生的每个过程环节的完成情况进行审查，研究生必须完成上一环节才能进入下一环节，对未完成的环节，系统会对研究生和导师进行提示。每一个过程环节都要求导师参与，学生的学习计划、中期考核自评报告、开题报告、科研成果都会经过导师评审，导师评审意见和建议将在系统中及时反馈给学生。系统上线运行以来，已完成两届学生的中期考核和开题报告工作，学生、导师、学院对这两项工作的重视程度明显提高，过程环节管理更加规范，未达到要求的评审结果一律为"不通过"，无法进入下一环节。

五、建设成效

经过一年半的建设,培养模块的功能基本实现,系统能够正常运转,我校研究生的培养管理效率和规范化水平进一步提高,师生的用户体验得到了显著提升,为下一步研究生教育的改革创新奠定了良好基础。建设成效具体如下:

(一)系统功能进一步完善与简化

研究生培养的过程环节均可在系统中进行管理,多项业务流程的系统功能得到了简化,系统页面简洁,操作简便,一般功能基本不用查看操作手册即可完成,尤其是对教师和学生页面进行了较大幅度优化,使师生的用户体验得到了显著提升。

(二)数据流转通畅

系统中相关联的业务实现了数据字段统一,数据可由一项业务自动流转到下一项业务。如遇数据错误可及时更改,流转到后续业务的数据会相应更新,这可以减少数据错误发生,但基础数据不能随意更改,必须遵循院校二级审核机制。研究生与本科生的排课数据已打通,避免老师同一时段出现研究生课程与本科生课程相冲突的情况。

(三)基础信息修改操作的两级审核机制基本建立

系统基础数据的变更遵循严格的院校两级审核机制,防范基础信息的随意更改。所有基础数据的修改要由研究生或教师在系统中提交申请,须经过学院和研究生院两级审核,其中一级审核不通过,数据就不会发生变更。系统还能够对院校两级审核通过的记录进行追踪。

六、建设经验总结

（一）梳理制度流程

工作流程的优化直接关系到系统建设的质量以及系统开发的难度，而且系统只能解决大量重复性的工作，并不能代替人做所有工作。在系统建设前，我们一定要将制度和流程梳理清楚，一旦系统流程开发固定下来，后期进行更改的成本将会十分巨大。

（二）委派专人沟通

信息系统建设是一项庞大而细致的工程，需要既熟悉业务又具有计算机知识的专门人员与开发公司进行沟通，要将业务需求清楚明确地反映给开发公司，同时又要持续对开发功能进行测试和反馈。

（三）标准化和定制化相结合

系统的功能流程既要遵循研究生培养的一般规律和业务逻辑，同时又必须根据学校特点和实际工作情况，做一些个性化开发。

（四）坚持长期建设

经过较长一段时期的建设和维护，才能形成一套较为完善和成熟的研究生培养管理信息系统。学校在建设初期需要进行系统谋划，制定较长一个时期的建设方案，然后分阶段实施，持续提升信息化管理水平。

（五）凝聚校内资源，发挥师生力量

系统建设不能仅靠研究生院，需求的分析、功能的测试、用户体验的反馈均需要师生参与。研究生院多次组织教学秘书培训会、学生使用培训会，组成系统使用学生辅助小组，对实际使用有困难的老师进行上门辅导，形成了研究生院全力推进、学院认真落实、学生广泛参与、教师积极反馈的工作方式。

七、对未来信息化管理的展望

随着信息技术和研究生教育的快速发展,研究生培养管理信息系统必须满足新的发展要求。以更好地为师生服务为出发点,学校应不断完善研究生教育管理信息系统的功能,在做好基础功能建设的前提下,下一步应结合大数据、人工智能等前沿技术探索研究生培养、智能化管理和个性化服务模式。

(一)加强对研究生培养数据的挖掘

学校应对学生在选课、评教、中期考核、成绩等环节产生的数据进行深度挖掘,对课程进行质量分类;根据学生的学业表现,结合学生的在校表现,建立学生学业预警机制。

(二)探索研究生培养情况的大屏化展示

学校可将在校研究生的分布情况、选课人数分布情况、课堂出勤情况、考试情况、课程成绩录入情况等进行可视化,在研究生院建立大屏可视化系统,实时了解并掌握教学基本情况,预防教学事故发生。

(三)增加互动功能,构建实时的系统问题交流平台

学校可建立管理部门与师生互动社区,师生可以在系统中向管理部门提出问题和建议,管理部门可以及时回复师生问题,推动学位与研究生管理工作从"被动管理"向"主动服务"转变,为师生提供更高效的管理与服务。

参考文献

[1] 教育信息化十年发展规划(2011—2020年)[J].中国教育信息化(基础教育),2012(4):3-12.

[2] 唐翔,庹涛,许之,等.数据化视角下研究生教育管理信息化建设初探——以专业学位研究生学业指导管理系统为例[J].中国教育信息化,2016(3):47-49.

[3] 曹迪,樊波.基于个性化服务的研究生教育管理信息系统研究[J].河南教育(高教),2016(10):36-38.

[4] 陈火君,马强,刘锋,等.研究生培养环节中的信息化管理改革与探索——以华南农业大学为例[J].教育教学论坛,2016(15):5-6.

[5] 刘春荣,吴瀚霖,周伟.高校研究生管理信息化自主建设思考与建议——以北京师范大学学位管理系统为例[J].中国教育信息化,2016(17):34-36.

[6] 何锴琦.研究生教育管理信息系统发展现状研究[J].时代教育,2017(1):112-112.

[7] 于伟,邱海宁.研究生档案管理工作的信息化建设[J].兰台世界,2017(12):13-16.

[8] 唐权,窦骏.基于文献调研的国内外研究生信息素养教育实践进展[J].图书情报工作,2017,61(18):137-144.

[9] 袁莉萍.研究生培养管理信息化的实践与思考——以中国科学院大学为例[J].中国管理信息化,2017,20(3):241-242.

[10] 杨静静,王迪,安永乾,等.研究生管理系统的设计与实现[J].科教导刊(下旬),2018(4):14-15.

[11] 兰丽松.借助信息化手段提高非全日制研究生管理水平[J].管理观察,2018(9):145-146.

Thinking and Practice of Information Management in Graduate Education
— Take Southwestern University of Finance and Economics as an example

Tao Yan

Abstract: The management of Postgraduate cultivating has many steps, complicated processes, and high requirements for data quality. It is necessary to use information technology to strengthen the informatization construction of postgraduate training, improve management efficiency, and improve the ability and level of serving teachers and students. Taking the construction of postgraduate management system in Southwestern University of Finance and Economics as an example, we will discuss the problems faced in the information management of graduate students, the main contents of construction and the direction of further construction.

Keywords: postgraduate cultivating; information system; training program; the optimization of course scheduling

研究生教育的国际化发展路径研究

杨琴　王萍　王翔宇　王菁　王东晖

> **摘　要**：在当前高等教育不断发展的时代背景下，提升中国大学的水平成为高校工作推进的着力点之一。就此而言，"双一流"高校的研究生教育应当在吸收国内外其他院校的方法经验的基础上，充分利用高校自身已有成果获得资源优势，在提升研究生培养国际化程度方面取得路径突破、方法获得以及环境改善等多方面的成果，使研究生能够在培养环节中获得更为必要的国际视野、跨文化交往能力和学术提升。
>
> **关键词**：研究生培养　国际化　"双一流"建设

一、研究背景及意义

1."双一流"战略背景下中国高等教育国际化的未来发展

21世纪以来，世界高等教育在国际化的深度和广度上都有了长足的发展。为了提升自身的综合实力和世界竞争力，许多高校实施了国际化战略发展计划。2015年年底，国务院颁布了《统筹推进世界一流大学和一流学科建设总体方案》①，推动我国高校参与国际交流合作，并且与国际一流大学以及学术研究机构的务实合作成为方案中着重强调的内容。另外，如何增进我国与其他国家（地区）的创新合作，切实增强我国高校教育在世界范围内的综合竞争力以及话语权，也成为方案关注的内容。值得注意的是，我国高校教育在未来走向世界的过程中扮演何种角色，主动或被动融入世界潮流，被包含在目前"双一流"战略目标下五项改革事项中的一项，对此，我们应立足于理论与实践两个角度进行讨论。

2. 走国际化发展道路是当今世界高等教育发展的时代潮流

伴随着经济全球化的深入发展，人力与物质资源在世界各国（地区）之间流动成为新常态，在教育领域的国际流动也在自觉、不自觉地发生。虽然世界各国的大学之间文化和特色不同，但开放包容、合作互补的姿态已经成为高等教育学府共同选择的方向，世界一流大学都将国际化道路视为其发展战略。例如众所周知的环太平洋大学联盟和"博洛尼亚进程"欧洲研究型大学联盟等，都是世界范围内的高等教育学府主动适应经济全球化的具体实践案例。同时，在国家层面，高等教育国际化被重视的程度也在不断提升。在一些国家，国际化已经从教育政策上升为国家发展战略。

3. 国际化发展道路是大学服务国家战略的使命要求

作为国家公共外交重要手段的国际教育、人文和学术交流，也是我国面对全球其他国家和地区发出中国声音、传播中国文化以及宣传中国道路的重要战略举措之一。在我国综合国力不断提升和"一带一路"倡议等提出的背景下，时代也对我国高等教育国际化进程提出了更为迫切的要求。

4. 国际化程度是衡量大学办学水平的重要指标

世界一流大学的基本特征之一就是国际化。而国际顶尖高校在服务国内外不同对象时所体现出来的强烈的责任感与使命感正是其国际化的表征。作为国际顶尖学府，麻省理工学院在优先服务好国内高等教育的

---

① 中华人民共和国教育部. 国务院关于印发统筹推进世界一流大学和一流学科建设总体方案的通知［EB/OL］. (2015-10-24)［2018-06-21］. http://www.moe.gov.cn/jyb_xxgk/moe_1777/moe_1778/201511/t20151105_217823.html.

同时，也重视参与全球化竞争与合作①。由此可见，高校若以培养优秀精英、开发人类共同知识宝藏为目标，需将其责任使命与国际化相结合，从而在全球范围内吸收优质师资与研究资源，这样更有可能成为世界一流大学。与此同时，世界范围内的高等教育国际化的推进，必将为一国（地区）本土高等教育的改革发展引入更为多元化的教育理念和教育手段。该方式也会为本土高等教育创造更为广阔的体验平台和合作空间。因此，在全球化的趋势下，为了更好地促进我国从研究生教育大国向强国转变，我国研究生教育的体系、宗旨等都需要改进，研究生教育的国际化程度有待加深。

二、概念界定

目前学者们并没有就高等教育国际化的内涵达成共识。从广义的角度分析，所谓国际化，是"将国际的和跨文化的维度整合到机构教学、研究和服务功能中的过程"②。狭义来看，教育国际化是大学教育的重要组成部分。因此高等教育国际化主要体现为大学的国际化，即大学的教学、研究和服务融入和体现国际化的理念③。

研究的视角不同，其对应的国际化内涵也有所差异，国际化既可以被视为动态的过程，又可以被视为教育的改革目标。本文认为，教育国际化是全球化在教育方面的体现，是在培养研究生的方案中吸收国际化的理论，在师资、学生教育、学术研究等维度增强全球间的资源交流和互助，达到增强学校全球竞争力的目的，培养出具备国际交流能力的高素质研究生。

---

① 任友群."双一流"战略下高等教育国际化的未来发展 [J]. 中国高等教育，2016（5）：15-17.

② KNIGHT J, HANS D E. Internationalization of Higher Education in Asia Pacific Conntrics [M]. Amsterdam: European Association for International Edncation, 1997.

③ 韩双淼，钟周. 一流大学的国际化战略：一项战略地图分析 [J]. 复旦教育论坛，2014，12（2）：10-16.

推动研究生教育国际化的目的在于提升学生培养质量，具体而言，它从以下几个方面得以体现：人员国际化，即海外教职工与海外生源的比重；项目国际化，主要表现为学生国外交流、访学，以及学校层面的国际项目开展情况；学术影响国际化，体现为学校教师和学生的全球学术影响力。

三、国外经验述评

（一）研究对象

在国外的经验研究中，为了确保研究的相关性和可靠性，研究者在选取研究对象时会依据如下四个规则：①学校在国际上具有较高声誉；②非综合性大学占一定比重；③学校所在国家与地区多样化；④学校相关的国际化资料的获取较为简便。

基于上述规则，本文选取了来自4个洲6个国家的10所一流高校作为研究对象。它们包括：欧洲英国的牛津大学、格拉斯哥大学和伦敦政治经济学院；美洲美国的布朗大学和杜克大学；大洋洲澳大利亚的迪肯大学和澳大利亚国立大学，新西兰的奥克兰大学；亚洲新加坡的新加坡管理大学和日本的一桥大学。

（二）国外高水平大学国际化战略的特点分析

笔者对所选取的国外一流大学进行分析，重点剖析每个学校的战略规划文本。由分析可知，海外一流大学的国际化战略呈现以下特征：

1. 国际化战略思想融合于学校使命、愿景

依据韩双淼和钟周（2014）的观点，大学的国际化战略并不是独立出现的，而是与其教学、科研和社会服务三个目标紧密结合的。根据该观点，大学的国际化战略可分为定位型、目标型和战略型陈述三种。本文所选择的10所国外一流大学，分析其战略规划文本后发现，这三种类型同时存在。第一种是定位型陈述，即高等教育学府直接把国际化作为自身定位。如牛津大学，其《2013至2018年战略规划》清楚提出，"致

力于引领世界的教育和研究……"。第二种是目标型陈述，即高等教育学府的国际化是人才培养、科学研究和社会服务功能的结合，为社会进步做出切实贡献。如一桥大学在《2010至2015年中期目标》中提出，"积极推进21世纪所要求的探索社会科学前沿的办学理念，放眼世界，以……方法解决日本、亚洲乃至世界共同面临的重要课题"。第三种是战略型陈述，即对高校如何进行国际化发展从而完成自身的责任与使命进行相对细致的陈述。如布朗大学在《2013至2023年战略规划》中描述，其使命是"为了更好地服务于社会、国家和世界……"。

2. 国际化战略在大学发挥功能时起到路径作用

这些国际顶尖学府要实施国际化战略，其在规划时就应从不同的功能维度上进行考量。教学与体验的功能维度下的国际化一般涵盖了诸多因素，具体包括全球范围内优质生源以及大量国际体验经历等，如伦敦政治经济学院、牛津大学和奥克兰大学。伦敦政治经济学院直接规定要从全球选取最好的学生来招收。在科研维度，国际化的手段则是在世界范围内招聘顶尖教师，开展跨学科研究，与外校合作研究以解决重要且紧迫的科研难题等。伦敦政治经济学院提出"追求研究卓越，使学校成为全球最佳研究人员向往之地"。在社会服务维度，国际化则表现为全世界的校友资源的扩展，增强学校知识生产效率，提高学校对重要政策的影响力，等等。布朗大学曾针对校友资源，提出"支持不同地理位置的布朗社会成员之间的联系"。澳大利亚国立大学则在有关政策参与贡献程度方面，提出需成为国家大政方针上举足轻重的政策咨询者。学校的服务对象范围也要覆盖到全球重要地区和国际机构等，如伦敦政治经济学院表示要"加强对重要地区的参与程度"。

大学的国际化不是单独出现的，而是融入大学的功能之中的。也就是说，大学的国际化是通过三个维度的国际化来共同实现的：教学与学生体验的国际化、科学研究的国际化和社会服务的国际化。

3. 国际化战略的侧重点多样化

不同大学的国际化战略有不同的侧重，按照侧重点方向的不同可以划分为4种类别。第一种侧重于输入国际化因素，从方向来看强调国际化因素的注入。该类别的国际化战略包括但不限于在全球范围内招聘一流教师和优秀学生，引进一流的海外课程。第二种侧重于国际化要素输出，这种类别的国际化战略主要是加强自身的国际化要素。第三种侧重于国际化内部事务发展，即关注校内国际化的发展。第四种侧重于国际化外部联系发展，即拓宽本校的影响力，在更大区域内提高本校的声望。值得注意的是，大学的国际化往往同时涉及几个侧重点。

4. 国际化发展的良性闭合循环

国际化是大学实现其目标的一个重要路径，而不是其最终目标。在建立起优秀的教学水平和研究能力的基础之上，大学可以更好更快地服务于社会。一方面，大学对社会服务得越广，为社会做的贡献越多，其在国际上的影响力就越高。另一方面，大学发展所需的生源、师资以及科研资源，其质量会随着大学自身声誉的提升而不断升高。大学发展质量提升的同时必然会伴随着其国际化水平的提升，最终能让其在世界范围内产生较强的影响力。这样就形成了大学国际化发展的良性闭合循环。

（三）启发国内"双一流"高校建设

一是从思想认识上重视国内"双一流"建设高校的国际化战略。由上文可以知悉，若要成为国际一流大学，其国际化战略必不可缺。重视国际化战略，不仅有助于提升学校教学质量、促进高水平文化内容的发掘与传播，也能够不断提高学校地位与声望。现如今，部分国内高校开始在学校章程中强调其国际化战略。如 2014 年被核准的《上海财经大学章程》[①] 中的愿景和使命部分，便对国际化加以重点描述。

二是国内"双一流"建设高校要在不同时期抓好相应的重点，通过吸收国际化的理念来重塑高校的发展目标。上述分析已经表明，国际化融入大学的功能之中，可以在大学发挥其功能时起到促进作用。对于不同的领域，学校可以有不同的做法：在已经小有成就的领域，学校要通过总结经验从而继续完善；在有待发展的领域，学校要通过自身努力，奋发图强，迎头赶上世界一流水平。这也需要高校认清本校所处的国际化发展的阶段，在不同的时期实施不同的国际化发展战略。

---

① 中华人民共和国教育部. 中华人民共和国教育部高等学校章程核准书第 13 号（上海财经大学）[EB/OL]. (2014-05-15) [2018-06-22]. http://www.moe.edu.cn/srcsite/A02/zfs_gdxxzc/201405/t20140515_182114.html.

三是国内"双一流"建设高校在国际化发展较为成熟时就需要增强对外输出。国际化应当是相互的,不仅包括引入,也包括输出。正如习近平总书记所言:"世界上不会有第二个哈佛、牛津、斯坦福、麻省理工、剑桥,但会有第一个北大、清华、浙大、复旦、南大等中国著名学府"①。这对高校实施国际化战略提出了具体要求,即高校根据自身发展情况,一方面需要引入资源,另一方面也应将我国高校的特色输出到海外,完成双向的国际化。部分国内高校也在其学校的章程中明晰了国际化的双向路径,强调本校的鲜明风格,如北京大学和清华大学。

四、国内经验述评

（一）学校层面的研究生教育国际化

1. 课程体系改革

研究生教育的目的是培养社会精英,为此学校在设置课程的时候应该明确研究生能力的培养方向。在新形势下,华中科技大学研究生教育在强调学科基础理论学习和专业知识教授的传统基础上,还增加了国际学术最新发展和国际视野方面的课程②。

2. 师资队伍培养

人才是学校发展的关键,师资国际化是影响教育国际化的重要因素。苏州大学采用外部引进和内部培养有机结合的方式,促进师资质量提升③。

3. 一流学校的经验

在国际化方面,高水平大学具备其他高校难以企及的便利条件,但

---

① 习近平. 青年要自觉践行社会主义核心价值观——在北京大学师生座谈会上的讲话[J]. 中国高等教育, 2014 (10): 4-7.

② 刘劲松, 徐明生, 任学梅, 等. 研究生高水平国际化课程建设理念与实践探索[J]. 学位与研究生教育, 2015 (6): 32-35.

③ 孙德芬. 以学科建设为核心, 以人才汇聚为根本: 记苏州大学引进高层次人才工作[EB/OL]. (2011-02-28) [2018-06-25]. http://gs.cczu.edu.cn/_s92/2f/7f/c6125a77695/page.psp.

也能为其他学校提供参考。北京大学将资助体系作为推进研究生国际化进程的重点之一，通过科学的资助体系增强学校对一流师资和学生的吸引力；资助国际领先的研究，借以促进学校的长足发展并增强竞争力①。清华大学则将增强国际交流和鼓励参与国际项目作为研究生教育国际化的重点②。

（二）学科层面的研究生教育国际化

研究生教育的国际化与学科层面的配套改革密不可分，国内高校管理者对这一问题已达成了共识。在开发研究生的国际化课程时，管理者们通常立足于研究生的学科方向。例如南京农业大学已初步搭建起研究生英文课程体系。对于单一学科，研究生教育国际化则必须要引入相应的优质资源以及改革相关的课程体系。以华东师范大学为例，该校以专业英文化为抓手，增加海外生源的招生比例，注重留学生的培养质量。对专业人才的吸纳、管理也是学科层次研究生教育国际化的组成部分。厦门大学王亚南经济研究院的海外招聘计划就是一个较好的例子。

五、研究生教育国际化内涵提升的对策建议

（一）明确课程设置定位

研究生教育的国际化应明确相关课程设置在国际化方面的指导原则，并就国际化课程的目标进行重新定位。研究生教育应立足于国际视野框架，在培育优质的理论型人才、专业型人才时应充分考虑全局思维、国际化视野的培养，以及人才对于社会整体需求的适应。为达到培养学生国际化思维的目的，学校在国际化课程设计时就应将跨文化与国际化的

---

① 研究生院. 研究生院 2017 年十大工作亮点 [EB/OL]. (2018-01-18) [2018-06-25]. http://pkunews.pku.edu.cn/xwzh/2018-01/18/content_301070.htm.

② 清华新闻网. 清华大学着力培养拔尖创新人才，重点项目前移助力本科国际化人才培养 [EB/OL]. (2017-11-03) [2018-06-25]. http://news.tsinghua.edu.cn/publish/thunews/9660/2017/20171103162327002389765/20171103162327002389765_.html.

相关概念与具体课程内容相融合。一般而言，学校可以通过案例教学、外语教学等形式，培养研究生的国际观念、视野和适应社会需要的技能。

　　研究生课程不仅应致力于培养研究生理论知识与研究、创新能力，还应重视研究生对自身所学专业前沿领域的了解、对国际学术交流的参与、英语听说能力以及研究生的国际理念的培养。学校应据此对研究生课程的教学环节中的每一项内容进行设计，规范教学标准，从而实现教学目标。为了让研究生课程发挥其传递知识内容、研究方法以及促进世界学术交流的意义，依照世界范围内有关人才培养的特性，在最大化考虑研究生课程内容的深度、广度的同时，学校应在研究生课程中加入学科前沿介绍、多元文化以及外语等多重因素，并协调好各因素在每一门课程及课程系统里的比重。考虑到研究生所学课程的内容是其核心，对于保障研究生课程建设的国际化质量起到至关重要的作用，故学校既要立足于学生国际视野的拓展，依照学科前沿及时更新研究生课程内容，又要对基础理论知识与交叉学科进行充分讲授从而能在最大化彰显课程整体功能的基础上，主动探寻国际顶尖学府的相关教学内容与课程体系，将研究生课程所涉学科前沿的研究成果与方法进行及时传授，实现课程内容对世界领先的教学思想和经验的吸收、借鉴。此外，优质外语原版教材与具有国际影响力的学术期刊可作为原始文献来使用，而为了让研究生所学的课程能够体现前沿性、综合性与跨学科性，有关高校应本着拓展学生国际化视野的目标致力于全英文教材的研发、设计，与国际专家、学者合作共同开发全英文教科书，并依照当前学术前沿与国际趋势、培养方案不断更新、扩充课程内容。当然，这些建议仅仅针对目前国际化条件较为成熟的高校。

（二）创新教学方法

　　教育国际化要求学校突破传统的教学方法，培养现代化、非封闭性的教学氛围是研究生教育国际化发展的主要方向。新的教学方式应以学生为主体，以教师为主导，充分调动教师和学生的研究积极性，鼓励学生用英文提问及表述观点，激发学生的科研兴趣。学校应采用课堂教学搭配小组讨论的形式，既开展系统教学，又加入专题讲座；除了日常作业，还应给学生布置小论文作为补充，并以科研作为日常教学的有益补充，从而丰富教学形式与内容，塑造包含讲授型、研讨型、研究型在内的各种教学方式。不仅如此，为促使研究生养成良好的预习与复习的习惯，高校可以在开发、设计全英文课件的同时创建英语网站，依照课程目标及时更新电子课件及教辅资料，让研究生对所有相关知识点能尽早了解掌握，从而提高学习效率与效果。另外，高校应进行多媒体教学，最大化使用多媒体设备。

（三）优化课程和教学

课程国际化要求学生培养过程中的教学、教师与学生的交流、作业及考试等都采用英语。研究生课程应采用全英文授课、全英文作业、全英文考试，有效培养研究生的英文思维习惯，提高研究生用英语阅读、写作、理解和运用本专业知识的能力。同时，还需要深化与国外高校及科研机构的项目合作，邀请全球一流学者为学校师生授课，逐渐实现授课的国际化。

若问何为保障课程建设质量的重中之重以及课程内容的核心，答案必定是教学内容。国际化课程内容的构建不仅要充分反映学科的前沿，还要充分体现知识在相关学科领域的交叉融合。在课程知识内容的构建中，根据"夯实基础、追踪前沿、整合优化"的构建思想，本文提出以课程知识系统性为主线，以知识前沿为牵引，以基础知识为后盾，以相关的交叉学科知识为侧翼的知识结构架构。要根据学科的发展、人才需求的变化和课程的实际教学效果，及时调整、凝练、丰富和优化教学内容。学校应关注基础知识铺垫、经典理论构建、关键问题突破和前沿研究进展，注重课程内容与科技和社会前沿的衔接，强化课程知识体系的系统性和跨学科性。学校应重点培养研究生的知识获取能力、学术鉴别能力、自主研究能力和社会适应能力。

（四）健全课程准入与立项制度

学校应根据高水平国际课程建设标准，建立课程申报和审批机制。学校根据高水平国际课程的特点，在基础课程模块中注重高水平课程的建设，在专业课程模块中突出国际化的总体思路。学校根据各学科的优势和研究生培养目标，优化课程体系，合理设定所有课程中国际化课程的比例，组织高水平学者来牵头进行课程申报，择优选择。申报的课程，由专家对课程目标的准确性、课程内容的先进性、教学设计的科学性、教学人员的合理性、预期教学效果的清晰度等方面进行审核，并由课程负责人就课程建设思路合理性、建设方案可行性、建设目标可实现性等进行现场答辩，择优确定要立项建设的课程。

（五）强化课程监督与评估机制

课程监督和质量评估是课程顺利建设的重要引擎，对于确保课程建设质量至关重要。高水平国际化课程评估是一个复杂的项目。因此，在评估目标和指标体系的构建中，学校有必要按照既有利于对课程质量进行客观、公正的评估，又有利于问题的发现，更有利于指导和引领课程进一步更新的原则来遴选评价指标和确定指标权重的指导思想，依此建立一套科学、可操作的评估指标体系。在评价方法中，学校应将教学督导与研究生教学效果评价和专家水平评价相结合，将过程评价和结果评价统一起来，构建质量评价机制。学校在此基础上，实施课程评估和验收。

（六）建立课程建设激励与淘汰机制

教师的责任心是发展高水平国际化课程的内在动力。教师的积极性是课程建设质量的重要基础。学校有必要建立一些有利于调动专家学者参与课程建设积极性的激励机制。

在激励方面，学校应进一步完善课程建设的激励机制。学校激活内生力量，通过制度设计和机制创新不断激发教师的积极性。在持续的资金支持下，学校进一步完善投入机制，通过多种渠道筹集建设资金，加大对课程建设和教学改革的定期投入。例如，学校建立教学成果奖、教学质量奖、教学团队奖、教学竞赛奖、课程建设示范项目奖等，奖励各方面做出突出贡献的教师。

在淘汰方面，学校应建立课程退出机制。对于在评估过程中存在较大问题且短期内难以通过整改实现目标的课程，学校应终止课程建设，课程负责人在三年内不能再申请类似的课程建设项目。建设高水平的国际化课程是一项全新的工作，面对新出现的情况和问题，我们有必要不断总结和完善。

参考文献

［1］ KNIGHT J, HANS D E. Internationalization of Higher Education in Asia Pacific Countries［M］. Amsterdam：European Association for International Education，1997.

［2］ 中华人民共和国教育部. 国务院关于印发统筹推进世界一流大学和一流学科建设总体方案的通知［EB/OL］.（2015-10-24）［2018-06-21］. http://www.moe.gov.cn/jyb_xxgk/moe_1777/moe_1778/201511/t20151105_217823.html.

［3］ 任友群."双一流"战略下高等教育国际化的未来发展［J］. 中国高等教育，2016（5）：15-17.

［4］ 韩双淼，钟周. 一流大学的国际化战略：一项战略地图分析［J］. 复旦教育论坛，2014，12（2）：10-16.

［5］ 中华人民共和国教育部. 中华人民共和国教育部高等学校章程核准书第13号（上海财经大学）［EB/OL］.（2014-05-15）［2018-06-22］. http://www.moe.edu.cn/srcsite/A02/zfs_gdxxzc/201405/t20140515_182114.html.

［6］ 习近平. 青年要自觉践行社会主义核心价值观——在北京大学师生座谈会上的讲话［J］. 中国高等教育，2014（10）：4-7.

［7］ 刘劲松，徐明生，任学梅，等. 研究生高水平国际化课程建设理念与实践探索［J］. 学位与研究生教育，2015（6）：32-35.

［8］ 孙德芬. 以学科建设为核心，以人才汇聚为根本：记苏州大学引进高层次人才工作［EB/OL］.（2011-02-28）［2018-06-25］. http://gs.cczu.edu.cn/_s92/2f/7f/c6125a77695/page.psp.

［9］ 研究生院. 研究生院2017年十大工作亮点［EB/OL］.（2018-01-18）［2018-06-25］. http://pkunews.pku.edu.cn/xwzh/2018-01/18/content_301070.htm.

［10］清华新闻网. 清华大学着力培养拔尖创新人才，重点项目前移助力本科国际化人才培养［EB/OL］.（2017-11-03）［2018-06-25］. http://news.tsinghua.edu.cn/publish/thunews/9660/2017/20171103162327002389765/20171103162327002389765_.html.

Research on the Internationalization Development Path of Postgraduate Education

Qin Yang   Ping Wang   Xiangyu Wang   Jing Wang   Donghui Wang

Abstract: In the current era of higher education continuous development, improving the level of Chinese universities has become one of the key points of university education work. Therefore, the postgraduate education of "double first-rate" universities should be based on the experience of other institutions at domestic and foreign. Furthermore, those universities need to make full use of the achievements of their own universities to obtain resource advantages and focus on path breakthrough, method acquisition and environmental improvement in enhancing the degree of internationalization of graduate students. The aim is to motivate graduate students to acquire more necessary international vision, intercultural communication skills and academic advancement in the training process.

Keywords: postgraduate education; internationalization; "Double First-rate" construction

研究生导师指导能力提升途径研究

于一多

> **摘 要：** 导师指导能力直接关系到研究生的培养质量。本文从人的能力的三个层次入手，深入分析导师指导能力的概念及构成，并从自身素质、指导方式、指导经验三个方面梳理导师指导能力的影响因素，针对上述影响因素提出通过搭建自检平台、科学匹配师生、发挥团队优势、开展导师培训、注重调查反馈等途径提升研究生导师指导能力。
>
> **关键词：** 研究生导师 指导能力 研究生教育

研究生教育处于国民教育体系的顶端，是培养高层次专门人才的主要途径，是建设创新型国家的核心要素。党的十九大指出，高等教育发展水平在很大程度上取决于教师队伍的整体素质。加强教师队伍建设是建设教育强国、办好人民满意教育、加快教育现代化的基础，也是高校的立校之本。导师是研究生培养的第一责任人，研究生培养质量除了受研究生自身因素、制度因素、环境因素等影响和制约，还取决于导师的指导能力。近年来，随着研究生招生规模的不断扩大，研究生导师指导水平、研究生培养质量等方面的问题日益凸显。因此，深入探讨研究生导师指导能力的构成及其影响因素，有助于理清导师指导研究生的思路，同时有助于为增强研究生导师指导能力，进而提升研究生培养质量提出科学合理的对策建议。

一、导师指导能力的概念及构成

（一）指导能力的概念界定

界定指导能力的概念需要先从能力的概念入手。不同领域对能力的定义各不相同。《辞海》中对能力的解释为：成功地完成某种活动所必需的个性心理特征。这是从心理学角度定义的能力，强调个体心理因素，与知识、经验等并列，是一种静态的一般能力。事实上，能力是一种过程性的存在，并不仅仅由心理因素决定。管理学、教育学对能力的定义强调动态过程，多与完成某种活动或实现某种目标相关，既包含已具备的素质，又包含潜在的、待开发的素质，是一种特殊能力（专门能力）。基于此，廖昆明将能力抽象概括为：人为实现目标而对自己体力和智力的运用状态或运用效率[1]。美国著名学者盖雷（L. Gale）等人的观点更为直观，他们认为：能力与一定的工作岗位或工作任务联系在一起，是个体胜任一定工作任务所必需的知识、技能、态度、判断力和价值观的整合[2]。这一观点与本文研究的"指导能力"中的"能力"比较接近。同时，笔者认为，能力有静态和动态两个层次，静态的层次是指个体具备的素质，这是基础；动态的层次是指在某一过程中如何运用素质发挥作用，从而达到目标，这是关键。

指导是导师对研究生进行培养的活动，具体而言是导师在思想道德、学术创新、实践创新、社会责任、身心健康等方面对研究生进行指引或培养的活动。综上所述，本文研究的指导能力可以概括为：研究生导师为培养研究生而应当具备的素质，以及在培养研究生过程中使用的方法、表现出来的素质等的集合。

---

[1] 廖昆明. 论人力资源管理的核心概念：能力 [J]. 珠江论丛, 2017 (3): 41-50.
[2] 崔行武, 王滨, 时涛. 高层次创业人才能力评价指标体系构建研究 [J]. 西北人口, 2015, 36 (5): 63-67.

（二）指导能力的构成

人的能力可以分为生理潜能、社会潜能和胜任能力三个层次。生理潜能是指人先天的认知潜力和遗传的性格特征，比如智商、性格；社会潜能是指人在生理潜能的基础上，通过后天的学习和实践获得的知识和经验以及运用他们的可能性。这二者之和基本上可以称为素质，而胜任能力来源于生理潜能、社会潜能和社会环境三者之和，即包含了能力的全部要素。这里的社会环境是客观因素的集合，包括社会地位、法律和道德约束、政策和制度导向、人际关系等，尽管能力是主观的、内在的，但客观因素影响着能力的发挥，因此将其纳入能力的构成[①]。

本文研究的指导能力属于胜任能力范畴。基于上述观点可知，指导能力也由生理潜能、社会潜能和社会环境构成，具体而言包含导师的认知水平、性格、知识、经验、思维方式、价值观和社会环境等要素。笔者认为，与导师指导能力密切相关的社会环境要素主要有师生关系和政策制度，且这二者以指导方式的形式体现。综上所述，将上述要素进行分类归纳，可得到导师指导能力构成三要素：自身素质、指导方式、指导经验。

指导能力的主体是导师，考虑到导师这一职业的特殊性，指导能力构成三要素的含义也有其特殊性。自身素质是指导师的思想政治素质、道德品质修养、专业知识素养、育人理念和价值观。指导方式主要包括师生相处模式、指导方法和技巧等。这里笔者将其影响因素分为主观和客观两个方面，主观方面是指导师受到自身性格、认知水平等的影响，客观方面是指政策制度层面的因素对指导方式产生的影响。指导经验是动态调整的，既有自身实践积累的，又有通过培训交流和评价反馈获得的。

与指导能力相关的另一个概念是有效指导。有效指导是指导师引起、维持和促进研究生有效的知识学习、科学研究和其他方面成长的所有指导活动，其实际上就是优秀指导或成功指导[②]。实现有效指导，要求导师

---

① 廖昆明. 论人力资源管理的核心概念：能力［J］. 珠江论丛，2017（3）：41-50.
② 杨春梅. 论研究生导师的有效指导［J］. 学位与研究生教育，2009（12）：10-14.

具有较高水平的指导能力，因此笔者将具体分析影响导师指导能力的因素。

二、导师指导能力的影响因素分析

（一）自身素质及其影响因素

习近平总书记在与北京大学师生座谈时强调，建设政治素质过硬、业务能力精湛、育人水平高超的高素质教师队伍是大学建设的基础性工作。教育部下发的《关于全面落实研究生导师立德树人职责的意见》（以下简称《意见》）中也对研究生导师提出了明确的基本素质要求，即政治素质过硬、师德师风高尚、业务素质精湛。综上所述，笔者将导师自身素质归纳为：政治素质、师德师风、业务素质、育人理念。其中育人理念主要体现的是导师的思维高度和价值取向。就这个意义而言，这四点与上文所讲的思想政治素质、道德品质修养、专业知识素养、思维方式和价值观可谓是一一对应。

实际上，政治素质、师德师风、业务素质和育人理念四者相辅相成，缺一不可。政治素质是导师的立身之本。导师作为研究生培养的主体，是党的教育方针的直接贯彻执行者，承担着培养社会主义建设者和接班人的神圣使命，因此，导师应当坚定正确的政治方向，自觉做习近平新时代中国特色社会主义思想的坚定信仰者和忠实实践者。师风师德是评价导师队伍素质的首要标准。导师的一言一行都对研究生有很强的示范性，若导师品德修养不高，即使其拥有再深厚的知识储备也难以正确传授。比如时下很多研究生称呼自己的导师为"老板"，而自己则是为"老板"产出科研成果的机器，这样畸形的师生关系，即使导师成就再高，其指导也是充满功利色彩的。相反，导师仅有高尚的道德情操，专业知识匮乏，育人理念落后，也难以培养出具有创新精神和创新能力的高层次专门人才。

《意见》中明确提出导师负有提升研究生思想政治素质、培养研究生学术创新能力、培养研究生实践创新能力、增强研究生社会责任感、指导研究生恪守学术道德规范、优化研究生培养条件、对研究生人文关怀的职责。履行上述职责首先就要求导师必须为人师表。孔子言："其身正，不令而行；其身不正，虽令不从。"指导研究生，导师首先要有正确的政治站位，高尚的道德情操，以德育人，言传身教，研究生在导师的言行中受到潜移默化的影响，达到润物无声的效果。只有导师自身有实力，研究生才能以之为榜样，导师指导研究生才能有底气，才能做到游刃有余。

（二）指导方式及其影响因素

指导方式既与导师指导风格有关，也受外界环境因素的影响，因此，笔者从主观和客观两个维度进行分析。

基于主观方面的指导方式是指导师自然形成的或自认为比较有效的指导方式，由导师的性格、认知水平、思维方式、为人处世方式等因素共同作用形成，体现在师生相处模式和具体的指导方法上。张静认为，导师和研究生之间的关系有权威型、松散型、功利型、和谐型等[①]。上述几种师生关系本没有好坏之分，但如果相应的指导方式不适合所指导的研究生，那么有可能造成师生沟通不畅、关系疏远，指导效果大打折扣，严重影响导师的指导效果。因此，导师的指导方式若能被研究生接受、适应、认同，即找到适合师生双方沟通交流的指导方式，将明显提升导师指导效果，有效促进导师指导能力的发挥。

指导方式的客观性主要由政策、制度等因素决定。导师是根据国家、校院相关制度文件要求对研究生进行指导的，因此导师指导方式也会受到一定程度的影响，比如校院对导师考核评价指标中可能包含对导师指导研究生的内容和频率的要求等。

（三）指导经验及其影响因素

指导经验来自一个不断积累、更新的动态过程，是导师通过实践积累、培训交流、评价反馈等方式获得后，经过总结反思形成的有助于提高指导效果的重要方面。

---

① 张静. 导师与研究生之间的和谐关系研究 [J]. 中国高教研究，2007（9）：19-22.

通过实践积累指导经验是一个相对漫长的过程,导师通过与研究生交流直观了解研究生的想法,通过观察研究生言行举止的变化,以及根据研究生取得的各类成果和奖励等,不断更新认知,调整指导方式,从而提升指导能力。

导师还可以通过参加培训,与其他导师进行交流获得经验,这是一种针对性强、见效快的方式。近年来许多高校都在努力探索,例如苏州大学成立了导师学院,并实行导师培训制。导师学院主要负责组织开展各层次的研究生导师培训,提供全方位的研究生导师服务,积极推进和完善研究生导师考核,做好研究生教育发展研究。导师学院通过对研究生导师进行思想政治、管理制度、人际沟通和心理咨询等方面的培训,夯实导师基本功,实现导师指导能力的全面提升;同时,通过开展优秀导师案例经验分享讲座,帮助导师开阔思路,促进导师指导能力的跨越式提升。

评价反馈是一种事后调节方式,它通过对在校研究生和毕业研究生进行问卷调查,了解研究生对导师的评价,从而直观地、连续地反映导师的指导水平,促进指导能力提升。此外,学校还可以调查用人单位对研究生的评价,这能从侧面客观反映导师的指导效果,进而在一定程度上体现导师的指导能力。

综上所述,自身素质是指导能力的物质基础,指导方式是指导能力得以体现、发挥作用的途径、载体,指导经验是纠正偏差,不断提高指导能力、促进有效指导的指挥棒(见图1)。

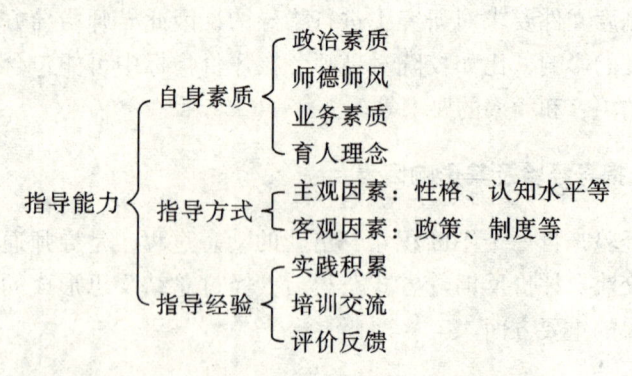

指导能力
- 自身素质
  - 政治素质
  - 师德师风
  - 业务素质
  - 育人理念
- 指导方式
  - 主观因素:性格、认知水平等
  - 客观因素:政策、制度等
- 指导经验
  - 实践积累
  - 培训交流
  - 评价反馈

图1 研究生导师指导能力的构成及其影响因素

三、导师指导能力的提升途径与方法

（一）搭建自检平台，夯实提升导师指导能力的基础

导师素质是提升其指导能力的基础。导师具备过硬的政治素质、高尚的师德师风、精湛的业务素质，才能在培养研究生的过程中给予其正确的、充分的帮助和指导。这就意味着导师必须保持进取心，在学术上要不断学习和更新知识，站在学术前沿；在品行上要以身垂范，用实际行动表达自己对专业和科学研究的热爱和尊重。导师素质通过言行举止贯穿指导的全过程，对研究生产生潜移默化的影响。因此，提升导师指导能力必须强化导师自身素质。

笔者建议，基于研究生管理信息系统建立导师自检平台，该平台包含记录模块和自评模块。记录模块用于记录导师成长的方方面面，包括参加政治理论学习、参加学术会议和培训、论文写作与发表、与研究生互动等，通过跟踪记录在无形之中给导师施加适当的压力；自评模块用于导师定期进行自我评价，通过对思想动态、学习情况、学术活动、指导过程等方面进行自我满意度测评，督促导师定期总结、反思、调整。

导师自检平台既能满足高校内部的导师管理需求，又能常态监测导师队伍的建设情况，同时也能为高校制定政策提供数据支撑。

（二）科学匹配师生，促进导师与研究生和谐互动

导师是研究生教育的内核，所有的制度与措施，最后都需要通过这个内核起作用[1]。而导师作用发挥的关键，即指导能力转化为指导效果的关键在于找到适合研究生的、有效的指导方式。

各高校往往对导师资格认定和研究生招生选拔非常重视，却容易忽视导师选择这一关键环节。很多研究生倾向于选择名望高的导师，简单

---

[1] 熊华军. 研究生培养机制改革的指导理念与实践目标——基于内容分析[J]. 学位与研究生教育，2012（3）：61-66.

地认为导师地位高对于自己未来学术道路或者从业道路有所帮助，而没有深入了解导师的指导风格、思考自己的人生规划、分析自己与导师的匹配程度，从而盲目选择。有些研究生甚至为了能够让自己成功被选中，在面试中过高地评价自己或者投导师所好，影响导师的判断。

笔者认为，目前各高校普遍实行的研究生与导师双向选择机制，在实践中偏离了制度设计的初衷，这可以通过双向匹配机制来改进和完善。双向匹配机制第一步进行师生匹配，具体有两种模式：第一种是学院根据导师的研究方向和研究内容进行分组，将同组导师各自常用的指导方法、指导频率、性格特点、业余爱好、座右铭等信息制成一张单项选择题问卷，每道题目的各个选项对应着各位导师，由于有多个组，这样便得到多张问卷，研究生根据自己的专业方向和研究兴趣选择问卷进行作答，学院最终根据研究生作答情况，给出推荐导师名单及排序；第二种是学院将每位导师的常用指导方法、指导频率、性格特点、业余爱好、座右铭等信息单独制成一张客观题问卷，并赋予分值，这样便得到多张问卷，研究生根据自己的偏好选择问卷进行作答，学院最终根据研究生得分情况，给出建议选择、慎重考虑等建议。两种模式分别适用于研究生是否已有心仪的导师人选。根据匹配结果和建议，研究生做出初步选择。第二步由导师反选，导师根据初选结果对选择自己的研究生进行简单面试，并根据面试情况进行反选。随着信息技术的快速发展，未来高校还可借助大数据、人工智能等技术实现研究生和导师的精准匹配。

此外，学校可以通过科学合理的制度安排影响导师指导方式。科学合理的制度安排能够普遍提升导师指导方式的有效性，避免由于导师的异质性带来的种种问题。

（三）发挥团队优势，提升指导的连续性和有效性

研究生教育以培养研究生的科研能力为主要特征，鉴于此，导师的有效指导意味着把研究生带到知识前沿，帮助研究生形成研究的问题，教授研究生研究方法和规范，引导研究生批判和创新[1]。这不仅要求导师自身要站在学科发展前沿，具备批判性和创新性，更要求导师要引导研

---

[1] 杨春梅. 论研究生导师的有效指导 [J]. 学位与研究生教育，2009（12）：10-14.

究生有计划地阅读研究领域的经典著作和学术期刊论文等,并在整个指导过程中给予其适时、适度、适当的指导。

对于研究方法和规范、批判性思维和写作的训练可以由学校和导师共同承担,做到理论与实践相结合。学校层面组织修订培养方案,成立有关课题组,开设研究方法类基础课程、学术道德与学术规范通识课程、批判性思维与写作系列课程等作为研究生必修课程,严格实行课程考核,打牢科研基础。导师主要负责具体研究过程中的方向引导、答疑解惑、经验技巧传授等。具体而言,导师首先要建立起以所指导研究生为主体的科研团队,由于该团队研究方向基本一致且具有可持续性,因此有利于团队成员之间开展深度合作。为了便于导师指导和团队交流,学院层面可以为每位导师配备一个能容纳整个科研团队的办公室,作为研究生的日常学习研讨室。俗话说:教是最好的学。导师要充分发挥团队优势,以老带新,形成良好的传帮带风气和学术氛围。高年级研究生帮助低年级研究生,能让老生在教的过程中发现自己的薄弱环节,进一步强化巩固,并且老生是从新生阶段一步一步走过来的,更清楚新生的问题所在,因此传帮带的针对性更强。同时,导师作为科研团队的灵魂、核心,在指导过程中要激发研究生的科研热情,鼓励和引导研究生发表自己的观点,训练研究生独立思考和解决问题的能力。

(四) 开展导师培训,为导师指导提供服务和保障

教育部、国家发展改革委、财政部印发的《关于深化研究生教育改革的意见》(教研〔2013〕1号)明确提出,要通过加强导师培训,支持导师学术交流、访学和参与行业企业实践,逐步实行学术休假制度等措施来提升导师指导能力。近年来,各大高校纷纷发挥资源优势,打造特色品牌,不断探索和完善研究生导师培训体系,走出了一条以苏州大学导师学院、清华大学博士生指导教师研修班等为代表的助力导师成长之路。导师指导能力的提升不仅依靠导师自身的努力,还需要学校、学院层面的大力支持。因此,笔者从高校管理者的角度谈谈如何加强导师培训,做好导师服务。

学校可开展各层次导师培训。学校针对新晋导师群体进行系统的岗前培训,帮助青年导师尽快转变角色,明确导师职责,提升指导能力。

结合《意见》对研究生导师职责的要求，学校可定期对全体导师进行思想政治、教育理念、管理制度、人际沟通和心理咨询等专题培训，注重理论与实践相结合，既开阔导师视野，又提供可操作的建议，不断夯实导师的指导基本功。学校可要求学院内部或学院之间每月开展一次优秀导师案例经验分享讲座，组织一次研究生培养专题研讨，有针对性地解决导师指导过程中的难点问题。学校可定期开展优秀导师评选工作，组织优秀导师团队赴国内外一流高校访学交流。学校可鼓励各学院总结典型案例，试点先进经验做法，取得成效后加以推广。

学校可编制导师工作手册。了解研究生培养的有关制度文件是导师指导的起点，学校和学院应当共同帮助导师熟悉管理制度和工作流程。学校应以研究生培养的各个环节为时间线，汇总整理国家和学校的管理制度和重要工作安排，形成导师工作手册总则。各学院在学校工作手册总则的基础上，根据实际情况编制详细的工作指南，涵盖研究生入学教育、选导师、选课、考试、中期考核、开题、论文检测、论文送审、论文答辩等关键环节的时间安排及工作要求，供导师随时查阅。

学校可建立导师指导文献库。学校可密切关注《学位与研究生教育》《中国研究生》《研究生教育与研究生培养》等期刊、国内外一流大学研究生教育资讯、研究生教育领域重要会议，收集整理与导师指导相关的先进经验、典型案例、重要言论等，汇总形成导师指导文献库。

（五）注重调查反馈，形成长效激励约束机制

反馈是帮助人们发现问题、促进积累经验的有效方式。对研究生（服务对象）和用人单位（社会第三方）开展的跟踪调查，不仅能够反映研究生培养质量和导师指导效果，还能促进导师指导经验的积累和指导能力的提升，从而可以作为导师指导能力评价的工具。

近两年，教育部学位管理与研究生教育司积极开展研究生培养质量反馈与跟踪调查。笔者认为对研究生的调查可以参考该问卷形式，分为在校生调查和往届毕业生跟踪调查。对在校生（包含应届毕业生）的调查主要从研究生对导师指导过程和指导质量的主观评价，对指导环节的满意度，以及研究生在读期间参与科研、发表论文、获得资助及就业去向等方面展开；对往届毕业生的跟踪调查侧重于导师对往届毕业生的影响在就业过程中的具体体现,以及其在就业岗位上取得的成就等方面。

调查用人单位对研究生的评价,是为了通过收集用人单位对研究生思想品行、学习能力、分析能力、实践能力、创新思维等方面的评价,折射出导师的指导效果,从而辅助评判导师的指导能力。

人才培养是一项长期工程,培养质量更要从发展的眼光来评价。因此学校不仅要做好指导过程评价,也要重视对往届毕业生的跟踪调查和用人单位的评价,从而更客观、全面地评价导师的指导能力。

总而言之,导师指导能力是研究生培养质量的重要保证。导师指导能力提升的关键是导师要保持良好的自身素质,并在指导研究生的过程中动态调整指导方式,持续提升指导经验。导师指导本质上是育人的过程,是对研究生的思想品行产生深远影响,提升研究生专业知识技能、科研创新能力的过程。师生双方从彼此陌生到相互了解适应,再到相互认同,需要经历许多的培养环节,每个环节的疏忽都可能会对研究生造成不小的影响。因此导师必须时刻关注所指导的研究生,并与其保持良好的互动,才能及时纠偏,不断提高研究生培养质量。

参考文献

[1] 廖昆明. 论人力资源管理的核心概念: 能力 [J]. 珠江论丛, 2017 (3): 41-50.

[2] 崔行武, 王滨, 时涛. 高层次创业人才能力评价指标体系构建研究 [J]. 西北人口, 2015, 36 (5): 63-67.

[3] 杨春梅. 论研究生导师的有效指导 [J]. 学位与研究生教育, 2009 (12): 10-14.

[4] 张静. 导师与研究生之间的和谐关系研究 [J]. 中国高教研究, 2007 (9): 19-22.

[5] 熊华军. 研究生培养机制改革的指导理念与实践目标——基于内容分析 [J]. 学位与研究生教育, 2012 (3): 61-66.

[6] 侯志军, 曾相莲, 朱誉雅, 等. 基于知识共享的导师有效指导研究 [J]. 复旦教育论坛, 2017, 15 (1): 47-53.

[7] 谢新水. 科学设计培训模式提高研究生导师的指导能力 [J]. 中国高等教育, 2013 (18): 47-50.

[8] 郝吉明. 努力成为一名合格的博士生导师 [J]. 学位与研究生教育, 2017 (4): 7-8.

[9] 徐文哲. 基于人力资源能力成熟度模型的研究生导师指导能力开发研究 [D]. 南京: 南京理工大学, 2008.

[10] 周晓芳, 肖鹏, 卢勃, 等. 从研究生角度建立研究生导师评价指标体系——以华南师范大学为例 [J]. 宁波大学学报 (教育科学版), 2012, 34 (6): 100-104.

[11] 赵立莹, 黄佩. 中美博士生导师指导质量问题及改进措施 [J]. 西安电子科技大学学报 (社会科学版), 2015, 25 (1): 124-129.

[12] 蒲成志, 张志军, 贺桂成. 提高青年研究生导师能力研究 [J]. 中国冶金教育, 2017 (4): 41-44.

[13] 王茜, 古继宝, 吴剑琳. 导师指导风格对研究生创造力培养的影响研究 [J]. 学位与研究生教育, 2013 (5): 14-17.

[14] 戴雪飞, 蔡茂华. 导师在研究生思想政治教育中的作用与发挥 [J]. 思想教育研究, 2011 (4): 107-110.

[15] 何齐宗, 戴志刚. 高校硕士生导师岗位胜任力的调查与思考 [J]. 高等教育研究, 2017, 38 (8): 51-59.

A Study on the Methods of Improving Graduate Tutor's Instructing Ability

Yiduo Yu

Abstract: The tutor's instructing ability has a direct impact on the quality of graduate education. This paper starts from the three levels of human ability, deeply analyzes the concept and composition of tutor's instructing ability, and combs the influencing factors of tutor's instructing ability from self-quality, instructing style, instructing experience. In view of the above factors, the author proposes to improve graduate tutor's instructing ability by setting up self-inspection platform, scientifically matching up graduates and tutors, giving play to team advantage, conducting tutor training, and paying attention to survey feedback.

Keywords: graduate tutor; instructing ability; graduate education

博士学位论文会审制度初探

田　原

> **摘　要：** 完善博士学位论文监督机制，需要加大对博士学位论文质量的把控。本文介绍了某高校在博士学位论文评审机制中加入会审制度的实践情况，及其引入会审机制后对论文外审的影响，从而探索论文会审制度的可行性，并提出建议和思考。
>
> **关键词：** 会审制度　博士学位论文　质量监督

博士学位论文质量是衡量高校研究生教育水平的重要指标。博士学位论文由同行专家进行评阅，是对学位论文质量进行评价的最重要的方式，也是学位论文质量监督体系中极其重要的一环。目前已有诸多高校及研究人员对博士学位论文质量评价体系做出了研究分析和深入探讨。在实际的评审过程中，由于评审专家的现实状况不尽相同，会有较大的主观性空间，对于一些质量较差的博士学位论文，可能并未严格把关。国家对博士学位论文抽检制度的实行，促使各高校加大了对博士学位论文质量的把控。完善博士学位论文监督机制，成为保障博士生培养质量的重要抓手。本文介绍了某高校在博士学位论文评审机制中加入会审制度的实践情况，及其引入会审制度后对论文匿名评审的影响，以探索论文会审制度的可行性，对博士学位论文质量监督机制做出思考。

一、博士学位论文会审制度的引入

2014 年，国务院学位委员会、教育部印发了《博士硕士学位论文抽检办法》，要求每年进行一次博士学位论文抽检，抽检范围为上一学年度授予博士学位的论文，比例为 10% 左右。对连续 2 年均有"存在问题学位论文"，且比例较高或篇数较多的学位授予单位，进行质量约谈；在学位授权点合格评估中，将学位论文抽检结果作为重要指标[①]。

国家的抽检是监督博士生培养质量的有效手段，在学位授予单位、导师和学生中进一步强化了质量观念，督促了学位授予单位重视博士生的培养质量。某高校根据国家抽检办法制定了本校的学位论文抽检办法，要求当期申请学位的博士论文全部送至教育部学位与研究生教育发展中心送审平台进行校外同行专家的双盲评审（以下简称"论文外审"）。每篇论文由不同高校或科研机构的 5 名同行专家评审，对存在问题的学位论文，要求导师及学生进行不少于 3 个月或 6 个月的彻底修改。这对在评审环节前的博士学位论文质量提出了更高的要求。该高校也将此作为博士学位论文质量评价的主要方式。

然而，博士学位论文在双盲评审时，可能存在一些问题。在理想状态下，来自不同高校或研究机构的同行专家对同一学科领域的博士学位论文基本会有大体一致的判断标准，能给每篇博士论文以准确中肯的评价；而在实际情况中，同行专家是评价主体，同行专家的选择，专家本人的研究偏好、评价标准，甚至专家评审时的心理状态、研究方向，都不可避免地存在个体差异，因而论文评审时会有较大的主观性空间[②]。例如，部分博士学位论文内容涉及本学科新兴的研究方向或学科交叉领域，即便是同行专家，也可能对其不太熟悉，此时往往会对论文采取较为稳

---

① 国务院学位委员会，教育部. 关于印发《博士硕士学位论文抽检办法》的通知 [EB/OL]. (2014-01-29) [2018-06-30]. http://old.moe.gov.cn/publicfiles/business/htmlfiles/moe/s7065/201403/165556.html.

② 刘少雪. 博士学位论文评价的主观性与客观性 [J]. 高等教育研究，2014 (2): 54-58.

妥的肯定态度。另外，博士学位论文评审一般集中在上下半年两次高峰期，评审专家在短时间内的评审任务非常多，部分学科专业内的专家较为有限。随着评审平台中博士学位论文规模的扩大，评审专家要对诸多论文逐一认真通读、理解并进行评价，就会面临时间和精力上的困难，难免会有评审专家存在应付交差之举，这样的评价结果可能难以中肯。

为了应对上述不可控因素及其造成的遗留问题，该高校尝试在评审环节前引入会审制度环节，进一步完善博士学位论文的评审机制。

二、博士学位论文会审制度的实践

（一）会审工作概况

该高校授予博士学位的学科门类主要为经济学、管理学及法学。首先，该高校在省内外高校及研究机构中，从相同学科门类中选聘具有较高学术水平及学术造诣，并有相关资历和突出贡献的专家，成立会审专家组。专家组信息对外严格保密。其次，每次会审进行前，该高校根据当次申请学位博士论文的学科及专业情况，从专家组中聘请相关研究方向的专家。会审论文被事先以电子版形式发送给专家大致审阅。在会审现场，专家可翻阅纸质论文，重点审查每篇博士学位论文的选题、理论水平、创新性、论文结构、学科特色等方面，并在现场进行充分讨论。由于每位专家的研究方向可能不同，这种现场的讨论可以规避专家在特定状态下的主观性。交换意见、取长补短的现场讨论，可发挥会审的优势。专家组在对每篇论文充分讨论后，达成一致意见，对该博士学位论文做出是否同意外审的结论。对不同意外审的论文说明原因，由工作人员进行记录。

对于会审未通过的博士学位论文，专家的会审结论意见将发送至学院，学生及导师需根据专家的会审意见进行修改。学院学位评定分委员会认定其修改合格后，该论文不需要参加下一次会审，可直接申请下一次的论文外审。如论文修改不到位，则需参加下一次会审。该高校每年将博士学位论文送至学位中心评审平台为上下半年各一次，在论文进行外审前进行会审。自 2017 年上半年会审制度实行以来，共进行过 3 次博士学位论文专家会审。

（二）会审结果

前两次会审的结论仅有"同意外审"或"不同意外审"。但在实践过程中，会审专家在现场讨论时指出，部分博士学位论文大致框架、论文逻辑等方面并无太大问题，只是在数据整理、文献综述、行文规范等方面有一定的谬误，如稍做修改，也可在外审过程中获得较好的评价；如直接取消外审资格，会对学生及其导师的积极性产生影响，未免太过严厉。但由于博士论文外审时间有严格的限制，如留给学生太多修改时间，会影响后期外审结果的返回。因此，会审制度可稍做更改，即会审结论除"同意外审"和"不同意外审"外，增加一条"同意修改后外审"，学生及导师可参考会审专家意见，做出是否修改的决定。如认为不需要修改，可申请直接外审；如需修改，则需在一周之内完成。

3 次会审的结果为：2017 年上半年共计 104 篇博士学位论文提出外审申请，提交会审环节后，共计 20 篇未通过会审，不能进入外审环节，占比 19.2%，其中经济类 15 篇，管理类 3 篇，法学类 2 篇；2017 年下半年，提交会审的博士论文共 56 篇，3 篇未通过会审，不能进入外审环节，占比 5.3%，其中经济类 2 篇，管理类 1 篇；2018 年上半年，共计 84 篇博士论文提交会审，未通过会审的有 1 篇（管理类），同意修改后外审的有 9 篇，均为经济类论文，其中 2 篇未修改直接送外审，7 篇修改后送审（见表 1 和图 1）。

表 1　博士学位论文会审结果（2017 年上半年—2018 年上半年）

项目	2017 年（上）	2017 年（下）	2018 年（上）
总篇数（篇）	104	56	84
会审未通过（含结论为"同意修改后外审"）篇数（篇）	20	3	10
占比	19.2%	5.3%	11.9%

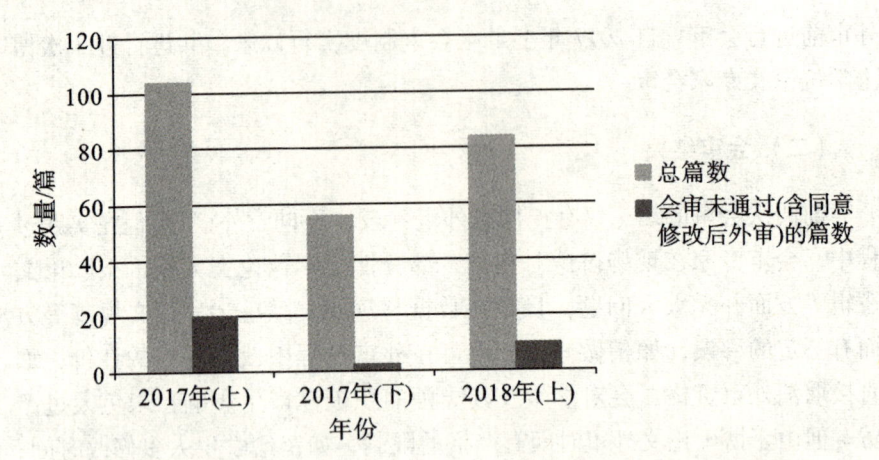

图1 博士学位论文会审结果对比表（2017年上半年—2018年上半年）

（三）未通过会审论文的主要问题

会审未通过的论文存在各种问题，本文选取在第1次会审中未通过的20篇论文，将会审专家组认为其主要存在的问题归纳如下（见表2）：

表2 2017年（上）会审未通过的论文主要存在的问题及涉及论文篇数

存在的问题	涉及论文（篇）
论文无创新（创新点不足或牵强、创新性不够）	6
工作量不饱满，论文贡献度不足	4
立论依据不足（数据、模型不可信，缺乏调查，案例不丰富）	6
主题不明确，论文实质内容少（内容空洞）	3
写作不规范（翻译错误、注释、格式不规范）	3
论文题目不合适（论文题目不成立，题目未涉及研究问题）	3
研究重点不明确，逻辑混乱，论文框架不清晰	2
缺乏研究意义及学术价值	1
研究选题与内容与学科专业不一致	1

从表2可看出，会审专家组认为论文存在的问题，多数为论文外审时专家认为论文未达到博士学位论文水平的原因。会审中甚至发现有个

别论文作者学术态度极不严谨，其英文摘要为网络软件翻译而来，出现低级错误。其余诸如论文无创新、贡献度不足等，均为评审专家所诟病的较严重的问题，难以通过论文外审。

三、与博士学位论文外审结果的关联

（一）博士学位论文外审结果

博士学位论文在会审之后即进入论文外审的环节。论文外审结果可在一定程度上反映出论文在会审时的情况，也可反映出论文存在的问题是否在会审时已发现并解决。

自会审制度实行以来，该高校博士学位论文外审结果为：2017年上半年存在问题论文5篇，占论文外审总篇数的5.9%；2017年下半年存在问题论文8篇，占比为15.1%；2018年上半年出现了整体存在问题的论文（即两名评审专家不同意通过），但总体来看问题论文比例稍有减少（见表3）。

表3 博士学位论文外审结果对比表（2017年上半年—2018年上半年）

外审结果类型	2017年（上）篇数（篇）	比例	2017年（下）篇数（篇）	比例	2018年（上）篇数（篇）	比例
整体存在问题的学位论文	0	0	0	0	1	1.2%
部分存在问题的学位论文	5	5.9%	8	15.1%	10	11.9%
总篇数（篇）	84		53		84	

结合会审结果来看，当论文会审不通过篇数占当次申请学位论文总篇数比例较大时，外审结果中存在问题的学位论文比例相对较小（见表4）。可以说，该高校博士学位论文会审不通过的比例与外审不通过的比例目前呈现出负相关的关系（见图2）。由此可见，加强论文会审时的把关，论文外审便会有较好的结果，进而减小存在问题的论文遗留到国家对博士论文进行事后抽检时的可能性。

表4　博士学位论文会审及外审未通过比例（2017年上半年—2018年上半年）

类型	2017年（上）	2017年（下）	2018年（上）
会审未通过篇数比例	19.2%	5.3%	11.9%
外审未通过篇数比例	5.9%	15.1%	13%

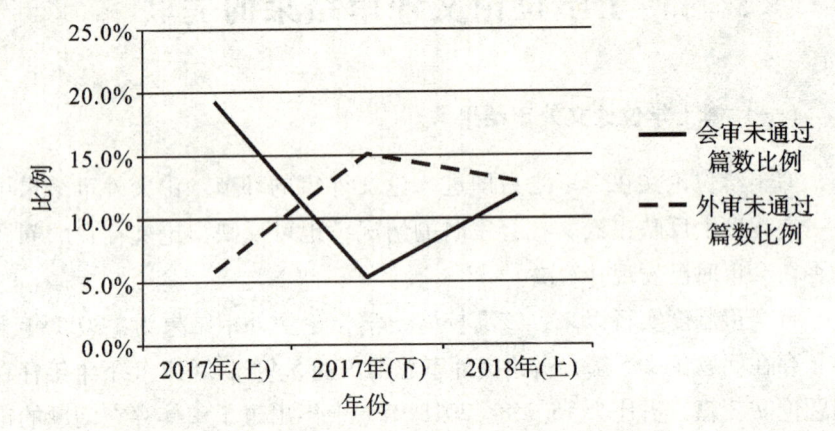

图2　博士学位论文会审及外审未通过比例对比表（2017年上半年—2018年上半年）

（二）会审未通过论文的外审情况

在会审时未通过的论文，经修改后可参加下一次的论文外审。在第1次和第2次会审中，未通过的博士学位论文经过较长时间的修改后，方可参加下一次论文外审。第1次会审未通过的20篇论文中，共有11篇参加了2017年下半年的论文外审。外审结果为10篇通过外审，仅有1篇未通过。笔者将该篇会审和外审均未通过的论文的专家会审意见及外审意见进行摘录对比，发现该论文根据会审专家的意见已进行过一定的修改，但仍未修改到位，因而会审专家提出的一些问题，也是外审专家认为存在的问题（见表5）。

在第1次会审中未通过，且未参加下一次外审的9篇论文，其中1篇论文，会审未通过且修改不到位，提请了第2次会审，仍未通过，目前仍在修改中，暂未参加外审。其余8篇论文，其中2篇于2018年上半年通过论文外审，剩余6篇目前仍在修改中，暂未参加外审。第2次会审未通过的论文，目前未申请论文外审，仍在修改中。

表5　某未通过的博士学位论文会审及外审评价意见对比表

会审意见	外审意见（仅摘录未通过意见）
前五章属于描述性内容，无个人独立分析、提炼和看法。案例太少，没有严谨的方法；缺少量化的东西，提了一些命题，没有进行机理分析，没有理论模型；需补充研究设计，重点强调本文工作内容；总结的创新点很牵强，没有阐明创新点，案例与理论联系不够	论文创新点不够突出，研究方法运用欠妥。研究问题与研究结论间匹配度有待提高；案例研究方法存在问题：先提出了理论模型，进而用案例描述验证了理论模型。这并不符合以理论构建为目标的探索性案例研究的基本路径。案例数据收集及分析过程存在问题：文中没有完全展示案例研究的数据及相关信息，需要补充；理论贡献部分不足

第3次会审对会审结果做了增改，有9篇论文的会审结果为"同意修改后外审"，其后外审情况为：1篇未修改直接外审，外审未通过；1篇未修改直接外审，外审通过；7篇修改后外审，其中3篇外审未通过。由此可看出，会审环节对于部分存在较大质量问题的博士学位论文可起到把关作用。但对于存在问题的博士学位论文，为时一周的修改不能做到彻底的质量改进，需大量的时间进行充分的论文修改工作，才能做到论文质量的提升。如何将会审制度与外审环节有机结合起来，需要我们做出更进一步的思考。

四、思考和建议

改进博士学位论文会审制度，保障博士学位论文质量监督体系，可从以下方面思考：

（一）细化会审专家组的分组

目前会审专家组是按学科门类分组，而同一学科门类下有不同的一级学科及二级学科，尽管专家只需审查论文大致框架，但部分交叉学科或少见领域的研究，对会审专家组来说比较难判定其水平。因此，申请博士学位较多的经济类论文，可考虑按一级学科进行分组；而专业之间差别较大的法学类可考虑按二级学科分组。细化分组后，下一步应减少每位专家的论文审阅量。因论文外审有时间要求，会审完成时间也有一定限制，在专家亲临会审现场之前，应给予专家足够的时间对所需会审的论文进行充分审阅，并形成一定的印象或记录，然后再在会审现场与其他专家进行讨论交流，这样方可使每一篇博士论文获得全方位的、更公正的会审评价。

（二）进一步完善会审制度

对于未通过会审的论文，目前只允许其参加下一次论文外审，并未具体规定所需修改时间；而对于"同意修改后外审"的论文，在论文外审之前的短暂修改，也很难真正达到修改的目的。甚至有少数并不愿意听取会审专家意见的导师及学生，不修改就直接申请论文外审，论文外审结果为未通过。针对此类问题，学校需做出明确规定，例如会审未通过且参加之后的外审仍未通过的论文，如外审专家的意见与会审时的专家意见相同，说明作者并未对论文中存在的问题进行彻底的修改，则学校应对该论文作者采取一定的惩罚方式。

（三）努力将预审机制提前

博士学位论文会审是论文质量监督体系中新加入的环节，论文质量要得到提升，更重要的是要将预审机制提前。优化博士生生源结构，建立科学的博士生培养机制，强化博士生导师队伍的建设，都是必不可少的重要环节。在论文撰写时，要发挥博士生导师的主导作用；论文开题、预答辩不能流于形式，学院作为培养单位，对每篇博士学位论文的质量都要尽职尽责地把关，对其中的错误或不足不姑息不宽容，这样既可保障博士学位论文的质量，也可进而减小会审制度执行的必要性，将论文的不可控因素提前消除。

学位论文质量监督体系环环相扣，紧密连接，相辅相成。在整个体系中的评阅环节上增加论文会审机制，是为保障学位论文质量监督体系，提升学位论文质量做的一点尝试。目前会审制度还存在一定的局限性，还需要在实践中不断发展与完善，不断探索创新。

参考文献

[1] 国务院学位委员会,教育部. 关于印发《博士硕士学位论文抽检办法》的通知 [EB/OL]. (2014-01-29) [2018-06-30]. http://old.moe.gov.cn/publicfiles/business/htmlfiles/moe/s7065/201403/165556.html.

[2] 刘少雪. 博士学位论文评价的主观性与客观性 [J]. 高等教育研究, 2014 (2): 54-58.

[3] 解茂昭. 保障博士学位论文质量的几点建议 [J]. 学位与研究生教育, 1997 (2): 27-28.

[4] 郭巍, 郑舒婷. 博士学位论文质量影响因素及保障体系建设 [J]. 沈阳师范大学学报(社会科学版), 2014 (3): 146-148.

Primary Study on Joint Evaluation of Doctoral Dissertations

Yuan Tian

Abstract: To strengthen the control of quality of doctoral dissertations, improving the supervision system need to be ensured. This paper introduces the practice of joint evaluation of doctoral dissertations in a university. Through the influence on the result of the double-blind review of doctoral dissertations, we try to explore the practicability and provide the reference for the future.

Keywords: Joint evaluation; doctoral dissertations; quality supervision

经济管理类博士学位论文质量探析[①]

吕 莉

摘 要： 学位论文评阅是博士生培养过程中的一个重要环节。本文按一级学科分类，对某"211"高校近两年1 121份经济管理类博士学位论文评阅结果进行统计分析。统计结果表明，经济管理类博士生在论文选题方面得到的评价最高，而在创新性及论文成果的效益方面得到的评价最低；分学科统计方面，工商管理、应用经济学、理论经济学得分依次降低，且评阅的七个分项指标走势基本一致。本研究发现论文创新性是影响经济管理类学位论文质量高低的核心因素，并对博士生培养过程、淘汰机制、创新能力、论文效益等方面提出具体建议，以期提高博士生的学位论文质量。

关键词： 博士学位论文　经济管理学科　论文评阅

自进入21世纪以来，我国博士研究生教育进入一个快速发展的时期。国家统计局最新发布的2017年统计年鉴数据显示，2016年我国的博士招生数达7.73万人[②]，占全部研究生招生数的11.58%，比2015年增

---

① 基金项目：2018年中央高校高等财经教育研究项目"财经类高校博士生成果产出的影响因素研究"（JBK18FG09）。
② 数据来源于国家统计局网站：data.stats.gov.cn。

长3.81%。博士在校学生数达34.20万人,博士毕业生人数达5.50万人,相比2015年增长2.29%。根据美国国家科学基金会(National Science Foundation)2018年最新统计,2016年美国的博士授予学位人数为5.4904万人。经济合作与发展组织(OECD)的数据显示,2016年博士毕业人数的国家排名分别是美国、德国、英国和印度。由此可见,我国2016年的博士授予学位人数已超过美国,位列全球第一位。

我国博士研究生招生人数和毕业生人数的快速增长,一方面反映了当前社会进步和企业发展对高层次人才的迫切需求;但另一方面,有限的教育资源与博士生规模的迅速扩大势必对博士研究生的学位授予质量提出严峻考验。而博士毕业生的学位论文能综合反映出博士毕业生的质量,包括知识水平、科研能力、创新能力等,因此它作为博士毕业生质量的一个重要评价标准,得到了教育部和各大高校越来越多的重视。

为保证我国研究生学位的授予质量,2014年1月29日,国务院学位委员会、教育部印发了《博士硕士学位论文抽检办法》(学位〔2014〕5号)。其中规定,学位论文抽检每年进行一次,并且对连续两年"存在问题学位论文"篇数较多的学位授予单位进行质量约谈,学位论文抽检结果也将作为学科评估的一个重要指标[1]。此后,全国各大高校陆续开始使用教育部学位与研究生教育发展中心的"论文网上评审平台"对博士生论文进行"双盲"评审。由于学位论文的评阅结果是学位论文质量的最直接反映,因此本文旨在对博士学位论文评阅结果进行深入的分析,找出其中关键的影响因素,并对如何提高博士生学位论文质量提出针对性的建议。

随着社会对博士研究生教育的重视,越来越多的国内学者开始对博士学位论文质量进行相关分析和研究。其中,张云仙(2005)以北京科技大学为例,结合学校培养工作,就如何提高博士生培养质量,在导师队伍建设、管理机制、审核机制等方面提出具体建议。李艳(2014)以国内某"985工程"高校2011—2013年已授位博士生的学位论文为样本,

---

[1] 信息来源于中华人民共和国教育部网站:http://www.moe.edu.cn/。

分析了博士学位论文质量评价的内容要素和影响因素，并提出相应的建议。李霞（2017）将人文社科类的博士学位论文作为研究对象，以中国人民大学六个学科门类的博士学位论文评阅书作为数据来源，分析了人文社科类博士学位论文的质量特征，并探究成因，提出相关改进建议。这些文献的研究方法和相关结论，为本研究的开展提供了借鉴。但是，大多数现有文献的数据来源于"985"高校或者理工类院校，而关于"211"高校的研究成果较为有限。此外，由于学科差异，以综合类或理工科高校为基础的研究结论是否适用于经济管理类博士学位论文，都需要进一步探索和分析。

基于当前我国高校面临的实际问题以及研究现状，本研究选取某财经高校 2016—2018 年经管类博士应届生的学位论文专家评阅结果作为样本数据，进行定量统计分析，探析论文质量情况，并对提高经管类博士学位论文质量提出一些思考和建议。本文的研究意义主要有以下三个方面：第一，由于现有文献对经济管理类博士学位论文质量的研究比较有限，应当如何提高其学位授予质量是当前我国经济管理类研究生教育发展中的一个重要问题。本文将聚焦于经管类博士学位论文，进行数据分析。第二，针对经济管理类博士学位论文的研究，本研究取样的高校具有显著的代表性。本文样本学校属于国家"211 工程"院校，是一所以经济学管理学为主体、金融学为重点的全国重点大学。该高校的博士学位授位点包括：理论经济学、应用经济学、工商管理、管理科学与工程、法学、社会学、马克思主义理论等学科。其中涉及的经济管理类学科比较全面，而经济管理类博士生占全部博士生总数的 88% 左右。第三，该高校的博士论文从 2016 年开始实行博士学位论文全部送教育部学位中心论文送审平台，学位中心通过专家库进行网上匿名评阅。相比传统的邮寄纸质送审评阅，教育部专家对外审的学位论文更加谨慎和严格，论文匿名评审更具客观性和公正性。因此，本研究的数据质量较高。通过对此数据进行分析，所发现的研究结论有较高的可信度和参考价值。

一、研究方法

（一）数据说明

本文选取某高校近两年（2016年下半年—2018年上半年）216位经济管理类博士毕业生的学位论文专家评阅意见作为研究样本。每篇学位论文送5位或7位或10位专家进行评阅①，共涉及1 121份论文（216位博士毕业生学位论文）评阅意见，包含经济学、管理学两个学科，分别占74.67%和25.33%。其中经济学包括两个一级学科，理论经济学、应用经济学；管理学涉及的一级学科为工商管理。本文有关数据均来源于样本学校博士生学位论文评阅结果，其数据是准确、有效的。

（二）评价指标体系构成

样本学校博士学位论文评阅意见评价指标体系主要由以下七个部分构成：论文选题的理论意义和现实意义（以下简称"论文选题"）占10%，论文对本学科及相关领域的综述与总结（以下简称"论文综述"）占10%，论文在理论或方法上的创新性（以下简称"论文创新性"）占30%，论文成果的效益（以下简称"论文效益"）占20%，论文体现的理论基础与专门知识（以下简称"论文理论水平"）占10%，论文体现作者独立从事科学研究的能力（以下简称"科研能力"）占10%，论文规范性及写作能力（以下简称"写作能力"）占10%。评阅专家根据各项指标权重及参考标准对每项指标评级，并按照优秀（85~100分）、良好（75~84分）、一般（60~74分）、不合格（小于60分）四个等级对论文做出定性评价，给出总分百分制成绩，提供详尽的评阅意见和建议。

---

① 样本学校《博士学位论文抽检办法》规定：每篇博士论文，送5位同行专家进行评议，5位专家中有1位专家评议意见为"不合格"的博士学位论文可申请复评，复评送两位专家再次评阅。如评阅未通过或其他原因未通过，需再次送审。

二、经管类博士论文总体情况

本文首先从经管类博士论文的总得分来分析数据样本的结构分布状况。如表1所示，从总体得分结构来看，样本所涉及的1 121份经济管理类博士学位论文的评阅意见中，达到优秀水平的占23.10%；达到良好水平的占54.50%；达到一般水平的占19.63%，不合格的占2.77%。学位论文评阅分数的分布图（见图1）展现了评阅分数的具体分布状况，其中80~84分的频率最高，说明大多数博士生的学位论文质量处于良好水平及以上区间。因此，从总体上来说，该高校经管类博士生学位论文质量良好。

表1　　　　经管类博士学位论文评阅分数分布情况统计表

论文等级	份数（份）	比例
85~100分（优秀）	259	23.10%
75~84分（良好）	611	54.50%
60~74分（一般）	220	19.63%
小于60分（不合格）	31	2.77%
总计	1 121	100.00%

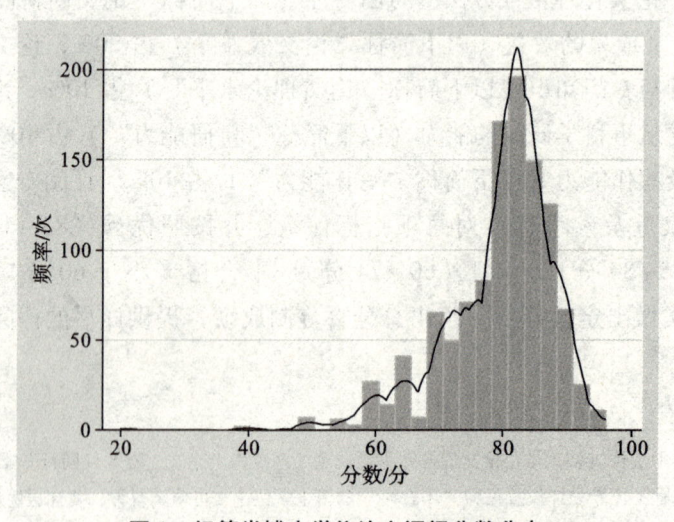

图1　经管类博士学位论文评阅分数分布

其次，从论文评阅的平均分数看，经管类博士学位论文总体质量良好，近两年样本学校经管类博士学位论文总分的平均分为79.34分，达到良好及以上水平的超过77%。但从评阅总分数可以发现，近两年经济管理类博士论文评阅最低值为20分，最高值为96分，分差达76分（见表2）。这说明虽然评阅结果带有一定的主观性，个体差异比较大，但也从一定程度上表明经管类博士学位论文质量还是参差不齐。考虑到学科差异，管理类博士学位论文平均分略高于经济类博士学位论文平均分。平均得分最高的是工商管理（79.90分），再次是应用经济学（79.38分），得分最低的是理论经济学（78.74分）。

表2　　经管类不同学科博士学位论文平均分数统计表

学科名称	份数(份)	比例	平均分(分)	最大值(分)	最小值(分)
理论经济学	195	17.40%	78.74	95	20
应用经济学	642	57.27%	79.38	96	40
工商管理	284	25.33%	79.90	96	50
合计	1 121	100%	79.34	96	20

最后，从分学科的评价来看，经济管理类不同学科评阅专家对论文水平的总体评价略有差异，工商管理学科学位论文评价为优秀的比例最高，理论经济学学科评价为优秀的比例其次，应用经济学学科学位论文评价为优秀的比例最低。其中工商管理被评为优秀的比例为23.94%；理论经济学被评为优秀的比例为23.08%，但不合格比例高达4.10%，相对来说评价结果较不理想；应用经济学被评为优秀的比例为22.74%。具体参见表3。

表3　　不同学科评阅专家对论文水平的总体评价比　　单位：份

学科名称	不合格 份数	不合格 比例	优秀 份数	优秀 比例	良好 份数	良好 比例	一般 份数	一般 比例	总份数
理论经济学	45	23.08%	105	53.85%	37	18.97%	8	4.10%	195
应用经济学	146	22.74%	353	54.98%	129	20.09%	14	2.18%	642
工商管理	68	23.94%	153	53.87%	54	19.01%	9	3.17%	284
总计	259	23.10%	611	54.50%	220	19.63%	31	2.77%	1 121

三、经管类博士学位论文评阅分数分项指标具体分析

（一）学位论文评阅指标得分占比情况

从统计数据来看，学位论文评阅的七个指标的情况差异较大。论文选题、论文综述、论文理论水平达到"良好"的程度占比都超过了80%；而论文创新性、论文效益达到"良好"的比例为60%左右。还有2.68%的学位论文的创新性指标不合格，相较其他指标，此指标不合格占比最高，从侧面反映了学位论文的创新性比较差。具体数据参见表4和图2。

表4　　　　　经管类博士学位论文各指标得分占比

评价指标	优秀	良好	一般	不合格
论文选题	30.95%	56.65%	11.86%	0.54%
论文综述	23.64%	56.91%	18.38%	1.07%
论文创新性	10.44%	55.22%	31.67%	2.68%
论文效益	10.26%	52.01%	36.04%	1.69%
论文理论水平	24.00%	56.65%	18.47%	0.89%
科研能力	24.35%	54.24%	19.98%	1.43%
写作能力	24.17%	53.35%	20.96%	1.52%

图 2　经管类博士学位论文各指标得分分布

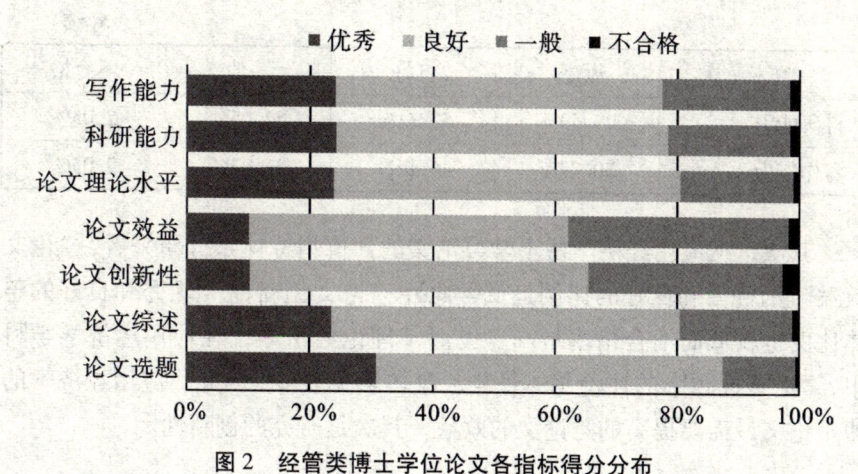

（二）各学科学位论文指标体系占比情况比较

为了进一步探索不同学科门类的博士学位论文在七项指标得分上的差异，下面分别从理论经济学、应用经济学以及工商管理三个不同学科进行分析。

首先，从理论经济学的博士学位论文指标体系各部分评价比例可以看出，评价指标"论文创新性"的优秀比例最低，不合格比例最高。相对而言，评价指标"论文选题"的优秀和良好比例最高，不合格的比例非常低。具体参见表5。由此发现，在理论经济学这个学科，博士论文的选题整体情况很好，但是在研究的创新性方面整体表现不佳，需要进一步提高。

表 5　理论经济学学科学位论文评价指标体系各部分评价比例

指标	优秀	良好	一般	不合格
论文选题	31.28%	55.90%	12.31%	0.51%
论文综述	23.08%	54.36%	21.03%	1.54%
论文创新性	12.31%	47.18%	36.41%	4.10%
论文效益	14.36%	48.21%	36.41%	1.03%
论文理论水平	24.10%	50.26%	23.59%	2.05%

表5(续)

指标	优秀	良好	一般	不合格
科研能力	23.59%	52.31%	22.05%	2.05%
写作能力	30.77%	46.15%	21.03%	2.05%

其次，从应用经济学博士学位论文的评价指标体系分布来看，"论文效益"的优秀和良好的比例最低，此外"论文创新性"优秀和良好的整体比例也较低而不合格率最高。类似于理论经济学，在应用经济学学科中，"论文选题"的评价总体最佳。具体参见表6。因此，应用经济学的博士论文最需要提高的是论文的效益，其次是研究的创新性。

表6　应用经济学学科学位论文评价指标体系各部分评价比例

指标	优秀	良好	一般	不合格
论文选题	32.40%	55.92%	11.37%	0.31%
论文综述	22.27%	57.79%	18.69%	1.25%
论文创新性	10.28%	57.32%	29.91%	2.49%
论文效益	9.35%	52.96%	35.67%	2.02%
论文理论水平	24.14%	57.32%	17.91%	0.62%
科研能力	24.14%	54.21%	20.09%	1.56%
写作能力	22.74%	54.05%	21.81%	1.40%

最后，从工商管理学科的博士学位论文评价指标体系各部分的评价比例可以看出，"论文创新性"和"论文效益"的优秀水平的比例最低，优秀率都是9.51%。同时，"论文创新性"的不合格率最高。和前面两个学科一致的是，"论文选题"指标的总体表现最好。具体参见表7。

表7　工商管理学科学位论文评价指标体系各部分评价比例

指标	优秀	良好	一般	不合格
论文选题	27.46%	58.80%	12.68%	1.06%
论文综述	27.11%	56.69%	15.85%	0.35%
论文创新性	9.51%	55.99%	32.39%	2.11%

表7(续)

指标	优秀	良好	一般	不合格
论文效益	9.51%	52.46%	36.62%	1.41%
论文理论水平	23.59%	59.51%	16.20%	0.70%
科研能力	25.35%	55.63%	18.31%	0.70%
写作能力	22.89%	56.69%	19.01%	1.41%

综合表5、表6和表7的数据进行分析，可以发现无论是经济类还是管理类的博士学位论文，在七个评价指标中，博士论文在"论文选题"方面的优秀和良好的比例都较高。在这一指标上，理论经济学和应用经济学学科学位论文优秀水平的比例均超过30%，而工商管理学科的博士论文优秀率也接近30%。这些数据表明，该高校经济管理类的博士生在论文选题方面表现较好，参考标准是处于"选题为学科前沿，具有开创性；具有较大理论意义和现实意义；研究方向明确"层次。而大部分的博士学位论文在"论文创新性"和"论文效益"这两个指标上表现最差。从博士论文评价指标体系的权重分布来看，"论文的创新性"这一指标的权重高达30%，是所有七个指标中占比最高的，该指标得分的高低对最终的总体成绩影响最大。而"论文效益"指标所占权重为20%，权重系数仅次于"论文创新性"。但样本数据表明，该高校经管类博士生在这两项指标的表现垫底，这在很大程度上影响了博士论文的总体得分及论文质量的高低。

四、结论与建议

通过前面的数据分析，本文得出以下三点结论：第一，经管类博士学位论文总体质量良好，但个体差异较大；第二，根据按学科门类的平均得分分析，工商管理类学位论文评阅平均分最高，应用经济学次之，理论经济学最低；第三，无论是经济学还是管理学学科门类，在七个特征指标中，"论文创新性"指标优秀率最低，其次是"论文效益"指标，"论文选题""论文综述"及"写作能力"相对较好。

基于以上的结论，针对如何提高经济管理类博士学位论文的质量，本文提出如下几点建议：

（一）把好培养过程质量关

撰写学位论文是博士生在培养过程中受到的基本训练，论文质量充分体现培养质量。一般而言，我国高校博士生在培养过程中，需要通过课程管理、资格考试、中期考核、论文开题、预答辩、匿名评审、正式答辩、学院学位评定分委员会审查、校学位评定委员会审查等环节。校学位评定委员会审查是最后一个环节，从生源入口到授位出口，最重要的是过程培养。经调研，目前部分博士生培养单位，由学院（中心）组织的中期考核、论文开题、预答辩、正式答辩及学院学位评定分委员会等环节往往存在审查把关不严格的情况，流于形式。在前面环节审查出的问题，学生和导师重视程度不够，问题并未得到很好的整改和落实，一直保留至后面的审查环节并最终移至校学位会上，从而导致博士生学位论文质量良莠不齐。因此，要提高学位论文质量，需制定实施论文质量绩效管理制度，关注学位论文在每个审查环节的质量提升，科学合理划分各审查环节应承担的工作及其责任，加大执行力度。

（二）建立有效分流淘汰机制

随着教育部和社会对博士生培养质量越来越重视，要求越来越严格，博士生延期毕业现象也日益严峻。例如样本学校2017年博士生延期毕业率已达70%左右。目前，对于不思进取或科研能力有限的博士生，普遍缺乏行之有效的淘汰或分流机制终止其博士生涯，这样即使到最后论文送审环节，也普遍存在博士学位论文质量不高的情况。并且，让未达到标准的博士生从事科研工作，对于国家来讲也是一种资源的浪费。长期以来，我国博士教育淘汰方式主要是超过最长学习年限的退学。从本质上讲，这不是真正意义上的淘汰。在博士生培养过程中，淘汰的核心在于博士生在学术上能否真正创新。因此，在现行的博士生培养机制中，需要注重博士生的课程学习、资格考试、中期考核、论文开题、预答辩、答辩等各个阶段的管理和考核，在每个阶段引入一定比例的淘汰率，加大分流淘汰力度，确保分流淘汰机制在保证学位论文质量方面发挥重要的作用。

（三）增强博士生创新能力

众所周知，创新能力的培养是博士生教育中比较薄弱的环节，而博士学位论文要求必须具有创新性贡献，才能达到博士学位授予的要求。本文认为，为了提高博士生的创新能力，人才培养单位应注意以下两个方面：一是构建生源质量保障机制。根据《教育部办公厅关于做好2017年招收攻读博士学位研究生工作的通知》的精神，高校在博士生选拔中，需要逐步完善"申请—考核"招生机制，侧重考查考生创新能力、科研潜质和综合素质等，将把这些作为录取与否的关键性因素，全面加强拔尖创新人才选拔[①]。为了提高博士生培养质量，把好入口关，样本学校近年来采取积极有效的措施来提高生源质量，除了公开招考、硕博连读，还推出"申请—考核"制及优化扩大硕博贯通项目。最近推出的"博士创新项目"将硕士研究生培养阶段与博士研究生培养阶段在同一专业有机地结合起来，突出博士生的创新精神和科研能力的培养。随着这些项目的实施，应该会对博士生的培养质量产生积极的影响，其学位论文的质量也会相应提高。二是培养博士生创新性思维。重视课程质量体系建设，多开设反映学术前沿、培养批判性思维等的课程，提高博士生学术素养；鼓励博士生多参加学术活动，包括研讨会、学术讲座、国际会议等，了解国内外最新的科研动态，掌握最新的科研方法，激发其学术灵感，提高科研创新能力等。

（四）鼓励博士生发表高水平论文

从上述指标体系构成的评价分析可以看出，"论文效益"这一指标结果不太理想。"论文效益"评价指标强调了博士生在校期间的科研产出及科研成果对社会的贡献度。按照样本学校管理制度的规定，博士生学位论文送审前，须达到最低的科研要求，而这一指标的实际表现比较差，说明博士生发表的论文水平较低，故培养单位应坚持将发表高水平学术论文作为经管类博士学位论文质量控制的重要手段。鼓励在读博士生在

---

① 信息来源于中华人民共和国教育部网站：http://www.moe.edu.cn/。

国内外高水平的学术期刊上发表论文不仅可以锻炼博士生的论文写作能力，训练其科研能力，还可以提高其学位论文质量。此外，如果博士生在读期间成功发表高水平学术论文，可以证实博士生取得了一定的科研成果，并带来相关的成果效益。

参考文献

[1] 张云仙，吴学东，姜禾娇. 关于博士学位论文质量的几点思考 [J]. 北京科技大学学报（社会科学版），2005（6）：45-48.

[2] 李艳，马陆亭，赵世奎. 关于博士学位论文质量评价的实证分析 [J]. 学位与研究生教育，2014（10）：50-54.

[3] 李霞，宋俊波. 人文社科博士学位论文质量要素特征评价——以中国人民大学人文社科博士学位论文为例 [J]. 学位与研究生教育，2017（11）：13-17.

[4] 英爽，康君，高栋. 博士生学位论文主要审查环节贯通管理体系的构建 [J]. 研究生教育研究，2014（5）：31-35.

Analysis on the Quality of Doctoral Dissertations in Economics and Management

Li Lu

Abstract: The dissertation review is an important part of the doctoral student training process. According to the classification of the first-level discipline, this paper conducts an empirical analysis on the reviews of 1121 doctoral dissertations in Economics and Management, in a " 211" university over the past two years. The statistical results show that the doctoral graduates in Economics and Management have the highest evaluation in the topic selection, and the lowest evaluation in the innovation and thesis efficiency. In terms of subject statistics, the scores of business administration, applied economics, and theoretical economics are successively reduced, and the patterns of the seven sub-indicators are consistent. Through the statistical analysis, we conclude that the innovation of the thesis is the core factor affecting the quality of doctoral dissertations in Economics and Management. Moreover, this paper puts forward specific suggestions on the cultivation process, elimination mechanism, innovation ability and thesis efficiency, in order to improve the quality of doctoral dissertations.

Keywords: doctoral dissertation; economics and management; review of dissertations

研究生学位论文学术不端行为检测工作研究

江佳惠

> **摘　要:** 本文从学位论文学术不端行为检测工作的现状出发，总结检测工作中存在的问题，然后提出了检测工作质量提升的对策，以期进一步完善和规范检测工作，并真正推动研究生学术道德和学术规范建设。
>
> **关键词:** 研究生　学位论文　学术不端　学术道德　学术规范

一、引言

由于深陷博士论文抄袭漩涡，匈牙利总统施米特·帕尔于2012年4月2日宣布辞职。在施米特之前，因博士论文抄袭被迫辞职的行政级别最高的人是前德国国防部长古滕贝格。古滕贝格承认犯错并道歉，也申请撤销自己的博士学位，但最终没有得到民众的原谅，于2011年3月1日宣布辞职。2012年4月30日，因涉嫌博士论文抄袭，韩国东亚大学新国家党当选国会议员的文大成继辞去议员并退党后，提出辞去教授职位。2012年5月2日，德国又爆出教育部长沙万的博士论文也涉嫌抄袭。

在我国，2009年西南交通大学时任副校长黄庆的博士论文被认定抄袭事实成立，他被取消博士学位并被撤销研究生导师资格。

由此可见，研究生学位论文学术不端行为在全球范围内均有发生。并且，不端行为的认定难度大又极其耗时，加之以前尚无学术不端行为检测系统予以技术支持，所以多数都是事隔多年后才东窗事发。

2010 年前后，国内学术不端行为检测系统问世。在期刊编辑部纷纷对投稿论文进行学术不端行为检测的同时，从 2010 年开始，全国高校也陆续开始对研究生学位论文进行学术不端行为检测。2013 年 1 月 1 日起施行的教育部令第 34 号《学位论文作假行为处理办法》，是规范学位论文管理，推进建立良好的学风，提高人才培养质量，严肃处理学位论文作假行为的纲领性文件。

二、研究生学位论文学术不端行为检测工作现状

纵观国内高校关于学位论文学术不端行为检测工作的管理办法，侧重点主要有以下 3 个方面：

（1）检测的时间安排。研究生学位论文学术不端行为检测安排在答辩前或盲审前进行的居多。

（2）复制比要求。不同学校、不同学科、不同层次（硕士/博士）、不同类别（专业学位/学术学位）、在职和全日制，对检测复制比的要求各不相同。多数学校复制率要求在 6%～15% 以下算合格，也有 30% 以下算合格的；工科专业的要求复制率低一些，文科专业的合格标准要宽一些。如对外经济贸易大学规定学位论文相似比（去除本人已发表的科研成果）在 20%（含）以下的学位论文视为检测通过，在 20% 以上视为检测未通过。中央财经大学规定学位论文复制比不超过 15% 的视为通过检测，复制比超过 15% 视为未通过检测。西安电子科技大学规定理工类、军事类博士生学位论文复制比不超过 10%，理工类、军事类硕士生学位论文复制比不超过 15%；人文、经管类博士生学位论文复制比不超过 15%，人文、经管类硕士生学位论文复制比不超过 20%。

（3）复检要求。各学校情况不同，关于这方面的规定松紧有别。有的简单规定检测不通过可再次复检，有的则规定半年后才能复检，而有

的学校则规定复制比超过某个数值便不予以复检而直接延期答辩。如对外经济贸易大学规定，学位论文规定复制比（去除本人已发表的科研成果）在20%~40%的视为检测未通过，根据问题性质的认定，重新送检或延期答辩；40%（含）以上的，不予以复检，延期答辩，需进行重大修改或重新选题。中央财经大学规定学位论文复制比超过15%但小于30%的，可以当年复检，但需对论文进行较大修改；复制比超过30%，视为未通过检测，当事人不得参加当年的论文答辩，但可在检测结果送达后6~12个月的期限内完成修改并重新提出答辩申请。

三、目前学术不端行为检测工作中存在的主要问题

1. 学术不端行为检测工作启动后，学位论文的学术水准受到了冲击

学术不端行为检测工作启动初期，学生和导师都加强了对抄袭行为的重视，在一定程度上对学术不端行为起到了遏制作用。根据作者的亲身经历，检测工作刚开始启动时，初检复制率在50%以上的论文不在少数。一段时间以后，初检未通过的论文的复制比都比较接近合格线。

复检、延期答辩或重新选题，都可能对研究生产生较大影响，特别是全日制学生，延期答辩或重新选题意味着不能按期毕业、拿不到学位证，当然也就不能顺利到已签约的单位就业。因此，为了保证顺利通过检测从而进行后续的答辩和毕业，最终实现就业，研究生们往往采取救急措施，想方设法规避系统检测，做文字上的修改甚至是搞文字上的游戏，以对付检测系统。无论检测系统有怎样的规则、原理和算法，最后还是要落实为对文字的机械比对。同时，网上的"过关攻略""秘笈"等在学生中广为流传和使用。略显愚笨的检测系统被学生利用"攻略""秘笈"恶意对付，这样学生的论文还是容易通过的。学术不端成为检测系统不能识别的升级版不端。比如，有工科学生庆幸地抱怨，原本精炼的一句话被检测为抄袭，然后拆成几句啰唆的话，但还是表达同一个意思，检测却通过了。也有学生利用系统检测规则在有问题的段落中插入与内容无关的字词以对付检测。这样的检测虽然在一定程度上遏制了行为不

端,但是学生一味地想着怎么对付检测,无疑会不同程度地有损学位论文的学术质量和学术水准。这样修改出来的论文,即使能侥幸过关,其学术水准也难以保证。

又或者学生提交检测的论文版本根本就不是用于答辩的论文版本,虽然学生对此有文字承诺。但是承诺归承诺,如果没有被发现不是也"成功"过关了吗?以后的事以后再说。笔者经过交流发现,确实有少数学生存在这样的心理。研究生们这样的处理方式和心态,与借学位论文的检测实现研究生学术道德和学术规范的建设、良好学风的树立的初衷背道而驰。

2. 学位论文学术不端行为检测工作不够完善和规范

国内高校运用检测系统的时间还不长,对于学位论文检测的管理办法也比较粗略。比如,检测的时间是安排在预答辩前还是答辩后?还是答辩前后都要求检测?因为答辩后学生普遍会修改论文,有的改动可能还很大。所以,有的学校在学位论文定稿后还要求再次进行检测,但有的学校就只安排在预答辩前检测,此后没有再进行检测的安排。这样不够合理的工作安排就给学生们提供了可乘之机,也可能会让前面已经进行的检测失去意义,沦为过场,达不到加强学术道德和学术规范的目的。

3. 学术道德和学术规范教育依然薄弱

研究生教育重视学术研究能力培养,忽视或缺乏学术道德、学术规范教育。研究生缺乏获知学术规范的良好途径,导师在这方面的直接指导作用不足。研究生在科研和学位论文写作过程中对学术规范没有明确清晰的认识和操守,只知道要对学位论文进行学术不端行为检测,但是哪些是行为不端,什么是学术规范,却不甚了了。

4. 留学生和英语专业的英文学位论文未进行有效检测

目前有的学校只检测中文学位论文,而对留学生和英语专业的学位论文未进行有效检测。但这部分学生获得的是同样效力的学位证和毕业证。这样的做法,一是对必须参加检测的以中文撰写学位论文的同学来说有失公允,二是学位论文存在学术失范的风险。

5. 学位论文学术不端行为的认定难度大又特别耗时

对每一个涉嫌学术不端行为的认定,都要遵循严格的处理程序,都是技术手段和专家审定相结合产生的结果,耗时耗力,一般都会历时一

143

年半载。

西南交通大学学校学术委员会 2007 年 12 月正式接到该校时任副校长黄庆博士论文抄袭的举报材料。校方立即着手开展相关工作，先由学校研究生院组织校外"管理科学与工程"学科专家匿名评审。之后，学校学术委员会又邀请国内外公认的同行专家，再次进行判定。经过一年多细致缜密的工作，专家组对黄庆学术不端问题的性质进行了投票表决，认定黄庆的博士论文第四章抄袭事实成立，性质较严重。该校学校学位评定委员会随后又召开全体会议，最后投票表决通过了对黄庆学术不端问题的处理意见。

四、学术不端行为检测工作质量提升对策

要真正发挥学位论文学术不端行为检测在加强学术道德、规范学术风气方面的作用，还必须全方位提升学位论文检测工作，否则检测必将逐步沦落为走过场，有违初衷。

1. 进一步提高检测系统性能

完善检测的规则、原理和算法，提高检测系统性能，实现真正意义上的语义识别，能破解所谓的"过关攻略"和"秘笈"，让检测系统成为一切行为不端的克星，这样才能有效兼顾学位论文的学术规范和学术水准。

2. 进一步优化和规范学位论文学术不端行为检测工作环节

检测时间点的安排非常重要，学校应调整或增加答辩完成后学位论文终稿的检测要求。比如，兰州大学研究生学位论文学术不端行为检测分答辩前和答辩后两个阶段，山东大学学位论文检测须在通过答辩后进行。将检测安排在这样的关键节点更为合理。另外，针对对付检测的"秘笈"，可考虑增加人工审阅抽查环节等。

3. 进一步加强学术道德和学术规范教育

性能再好的检测系统也很难防止人为的欺骗行为。所以，高校应通过多种渠道为研究生提供良好的获知学术规范的途径；导师则应充分发挥直接的指导作用，努力加强学术道德和学术规范教育，让研究生在科

研和学位论文写作过程中对学术规范有明确清晰的认识。学生来一批走一批，这项工作必须常抓不懈，周而复始地进行，警钟长鸣，才有可能实现提升研究生学术修养的目标。

有的学校每学期都安排多场讲座，有的还有专门的课程或在某些课程中安排专门的章节。如图1所示，四川大学建设有专门宣传学术规范的网站，提供对学术不端行为的界定规则、处罚规定、在线测试、典型案例和学术规范的指南等。

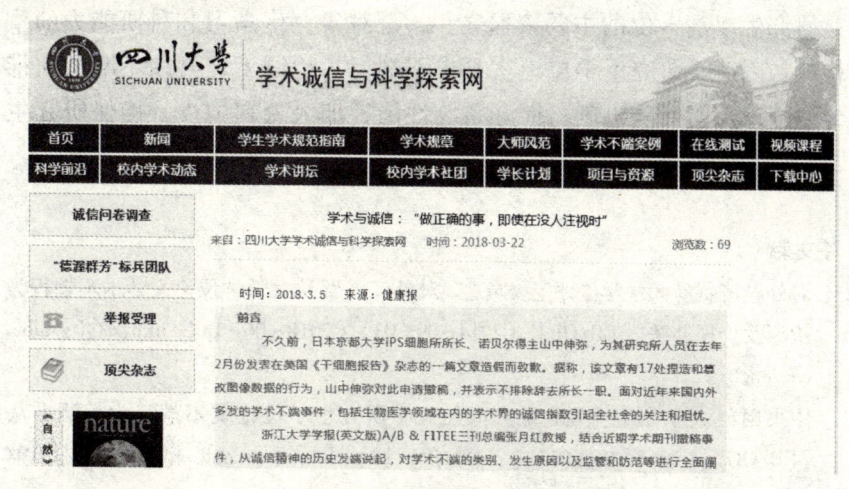

图1　四川大学的宣传学术规范的网站

4. 利用国际通用检测系统检测留学生和英语专业的英文学位论文

学校可引进国际通用的学术不端检测系统，如 iThenticate，对英文学位论文进行有效检测，以排查英文学位论文的问题。

5. 学位论文学术不端行为一旦查实，必须加大处罚力度

学校对学术不端行为必须加大处罚力度，严重的直接取消该学生已获得的学位或学位申请资格，并追究导师责任。首次检测复制率超过某个值，学校可以直接延期答辩甚至取消授位资格。很多学校对首次检测未通过的论文只是要求修改后再次复检，再检不过也还是再次修改，对学生和导师的警示作用不够。清华大学在这方面的处罚力度就足够严厉：对复制比较高或存在其他学术不规范现象的论文，经校学位评定委员会表决未获通过者，取消学位申请者再次申请学位的资格，暂停学位申请者导师招生资格一年，按未通过人次的两倍扣减学位申请者所在院系次

年招生名额。

五、结语

研究生作为创造精神财富与推动科学进步的后备军，其学位论文所展示的学术道德和学术研究的规范有着极其深远的影响。研究生学位论文是研究生申请学位的主要依据之一，是对研究生学习和科研能力的重要检测。因此，研究生学位论文学术不端行为检测工作必须不断向前推进，学校应完善管理机制，提升系统性能，加大处罚力度，确保研究生学术道德和学术规范的底线。

参考文献

[1] 对外经济贸易大学学位评定委员会. 对外经济贸易大学学位论文学术不端行为检测及处理办法［EB/OL］.（2014-09-03）［2018-06-18］. http://yjsy.uibe.edu.cn.

[2] 中央财经大学研究生院. 中央财经大学研究生学位论文不端行为检测办法［EB/OL］.（2018-06-01）［2018-06-18］. http://gs.cufe.edu.cn/info/1019/5213.htm.

[3] 西安电子科技大学研究生院. 西安电子科技大学研究生学位论文相似性检测实施［EB/OL］.（2016-11-10）［2018-07-23］. https://gr.xidian.edu.cn/info/1045/5284.htm.

[4] 滕建华, 赵继颖, 周启杰. 研究生学术不端行为的表现及原因分析［J］. 东北农业大学学报（社会科学版）, 2011 (4): 10-13.

[5] 人民网. 西南交大副校长抄袭论文被取消博士学位［EB/OL］.（2009-07-16）［2018-07-23］. http://scitech.people.com.cn/GB/9662052.html.

[6] 兰州大学研究生院. 兰州大学研究生学位论文学术不端行为检测及处理办法［EB/OL］.（2017-07-24）［2018-06-20］. http://ge.lzu.edu.cn/lzupage/2017/07/24/n20170724092934.html.

[7] 山东大学研究生院. 山东大学关于"学位论文学术不端行为检测系统"使用管理办法（试行）［EB/OL］.［2018-06-20］. http://www.grad.sdu.edu.cn.

[8] 四川大学学术诚信与科学探索网. 学生学术规范指南［EB/OL］.［2018-06-

21]. http://yz.scu.edu.cn:8083/Article/Details/6187.

[9] 清华大学校学位评定委员会，清华大学研究生院. 关于对学位论文进行学术规范抽样检查的规定［EB/OL］. ［2018－06－21］. http://www.tsinghua.edu.cn/publish/law/7805/2012/20121012105311465740636/20121012105311465740636_.html.

Research on misconduct investigation of student' degree dissertations

Jiahui Jiang

Abstract: In this paper, we first review some misconduct investigation approaches for checking student degree dissertations and summarize their main drawbacks. Then, we propose new ideas to improve the investigation quality in order to realize and regulate the investigation better for graduate student moral education and academic regulation.

Keywords: graduate student; degree dissertation; academic misconduct; academic moral; academic regulation

关于我校博士后工作改革的建议

邓婷婷

> **摘 要**：基于建设世界一流大学和一流学科的新发展契机，为进一步提高本校博士后的工作质量，充分释放博士后在"双一流"建设中的潜力，本文通过把脉我校博士后的整体情况，挖掘出博士后日常管理中存在的问题，并提出相应解决措施。
>
> **关键词**："双一流"建设　博士后　博士后工作改革

一、博士后工作的整体概况

博士后工作人员（下文简称"博士后"）是我国高层次创新型青年人才队伍的重要组成部分，是不同类型科研项目攻坚与成果产出的参与主体，为科技进步和经济社会发展做出了积极贡献。自 1995 年我校设立博士后流动站以来，我校为社会各界输送了大量高质量的博士后。整体来看，我校的博士后工作正处于缓慢发展阶段。自招收博士后以来，我校博士后规模不断壮大，招收的博士后类型呈现多元化特征，博士后在我校科研方面的贡献也越来越显著。

（一）博士后规模有所壮大

经国家人事部、全国博士后管理委员会批准，我校于 1995 年 3 月开始设立博士后流动站。目前，我校共设有 4 个博士后流动站，分别是：理论经济学、应用经济学、工商管理和管理科学与工程。

截至 2017 年年底，我校共计招收博士后工作人员 216 人。其中，2017 年在站博士后人数共计 81 人。

截至 2017 年年末，博士后流动站和博士后工作站共计出站 103 人。其中，在职博士后出站人数共计 44 人，全脱产博士后出站人数共计 59 人。此外，在国家与我校严格的管理下，22 年间共计清退不合格博士后人员 32 人（见表 1）。

表 1　　　　　　　　1995—2017 年博士后总规模　　　　　　　　单位：人

类别	在站人数	出站人数	退站人数	注销人数
流动站	76（在职 59）	73（在职 34）	21（在职 7）	6（在职 4）
工作站	5（在职 4）	30（在职 10）	1	4（在职 4）

（二）博士后招收类型多样

为全面落实国家关于加大培养博士后人员力度，推进高端青年人才队伍建设的相关精神，我校结合实际情况，不断丰富博士后招收类型。目前，我校招收的博士后有三大类：学校资助博士后、自筹经费博士后和企业博士后。

学校资助博士后是由国家和学校博士后经费给予资助的博士后。主要为师资博士后，是我校充实师资队伍的一项举措。参考年薪制工作人员的薪资水平，给予师资博士后每年 7.5 万元的科研资助（三年内完成科研任务一次性补发 7.5 万），超课时费 100 元/学时，其他基本福利待遇和校内老师保持一致。自 2013 年年底启动师资博士后项目以来，我校共计招收师资博士后 17 人，2017 年年底出站人数占比约为 50%。

自筹经费博士后是由委托培养单位或合作导师自筹经费招收的博士后，主要针对在职工作人员，目的是为已经参加工作的人员提供一个科研平台，将实践与科学研究进一步结合。考虑到在职工作人员所在单位已经发放工资并享受相应福利待遇，学校不再单独发放资助经费，该类博士后不享受校内老师福利待遇。自设立博士后流动站以来，我校共计招收此类型博士后 104 人（含退站与注销的人员），占博士后招收人员总量的 48.1%，是我校博士后所占比重最大的一类。

企业博士后是由本校流动站与企事业单位工作站（创新实践基地）联合招收的博士后。它是发挥理论服务实践、学校对接社会的精神的一大创新，旨在提升我校为企业发展提供智力支持的力度而侧重面向企业工作人员招收的博士后。企业博士后与自筹经费博士后一样，学校并不单独发放资助经费，其也不享受校内老师福利待遇，但企业可根据协议支付合作导师专家一定数量的科学研究指导费。此类型的博士后主要集中在博士后工作站中，受限于我校财经类专业型大学的属性，截至目前，我校共计招收企业博士后工作人员 40 人。

（三）博士后科研贡献显现

博士后工作的主要内容为科学研究，科研成效表现为新产品、新技术的研发，学术论文的发表，各级研究项目的申请等方面。鉴于我校的专业性质，博士后的科研贡献集中在学术论文发表与不同类型研究项目的申报两个方面。

（1）学术论文发表数量有所提升。近年来，随着对博士后科研要求的提高，博士后公开发表的学术论文不断增加。以"西南财经大学博士后"为关键词在中国知网上检索，结果是，2010 年至今我校博士后发表专业性的学术论文共计 131 篇，其中 A 级期刊 8 篇，B1 级期刊 14 篇（2013 标准）。

（2）不同类型的研究资助项目均有所突破。截至 2017 年，我校共有 2 位博士后获得国家自然科学基金资助，1 位博士后获得国家社会科学基金资助，10 位博士后获得中国博士后科学基金面上资助，另有 2 位博士后获得博士后国际学术交流项目资助。

二、博士后工作存在的主要问题

回顾我校多年的博士后工作开展情况，成效明显，但也面临较大压力与挑战，尤其是与兄弟院校相比较，仍存在一些不足。诸如，在站博士后规模提高空间大且博士后的结构调整滞后、薪资待遇吸引力不足、科研贡献能力需进一步提升等。

(一) 在站博士后规模提高空间大

自设立博士后流动站以来,我校招收的博士后人员数量逐年递增,已升至 2017 年年底的 216 人。目前,我校在站博士后人员 81 人(含 2017 年新入站的 12 人),这与川内及川外的兄弟院校比较,依然有明显的差距。比如,2017 年,四川的电子科技大学在站博士后有 500 余人;浙江大学、南京大学等高校的全脱产博士后更是已经达到了三位数的规模。由此可见,我校需通过多种途径着力扩大博士后工作人员的招收规模,为学校的科研发展贡献更多力量。

(二) 博士后的招收结构亟须优化

我校招收的博士后将近 95% 来源于 985 或 211 的高校,其类型主要有两大类:全脱产与未脱产(公务员、事业单位以及企业)。其中,1995 年以来招收的未脱产博士后共计 122 人,在博士后总量中所占比重大约 56.5%,高于全脱产博士后。

近年来,未脱产博士后的比例进一步提升,是脱产博士后的两倍有余。2011—2017 年,未脱产的在站博士后占比达到了 73.5%,远远超出了全脱产博士后。主要原因有:一方面,我校给予全脱产博士后的经费资助偏低,降低了符合脱产条件的博士来我校博士后流动站工作的意愿;另一方面,在职博士后受制于原单位的繁忙工作,难以潜心开展科学研究,出站速度稍显滞后。

综上,在国务院办公厅出台相关制度明确规定"不得招收党政机关领导干部在职从事博士后研究工作"的背景下,我校亟须加快博士后招收工作的改革,多措并举以加大全脱产博士后的招收力度,优化在站博士后人员结构。

(三) 博士后的薪资待遇吸引力不足

影响符合博士后招收条件的博士选择流动站或工作站的因素有设站单位级别、合作导师的学术水平、薪资水平以及软硬件设施支撑力度等。

其中，对全脱产博士后吸引力较大的主要是设站单位给予的薪资水平或经费资助水平。

当前我校为全脱产博士后（此处主要针对师资博士后）提供的科研经费资助大约每年7.5万元，科研绩效奖励每年2.5万元（完成合同要求的科研任务1篇A、2篇B1），超课时费100元/课时。这与华南理工大学、厦门大学、中山大学和电子科技大学等高校为全脱产博士后提供的薪资水平差距较大，极不利于全脱产博士后的招收（见表2）。

表2　　　　　　　　　其他高校全脱产博士后的待遇

高校名称	待遇
华南理工大学	学校博士后岗位设置为：一类、二类、三类；根据申请者的教育经历、创新能力、学术成果和水平、发展潜力等条件聘用到相应博士后岗位，实行分类招聘和考核
	学校提供20万~32万元的岗位年薪，并参照校同级人员的标准缴纳"五险一金"
厦门大学	1. 薪酬不低于16万元/年（税前）
	2. 提供博士后公寓或租房补贴
	3. 博士后子女按学校教职工子女同等待遇办理入园、入学
中山大学	1. 薪酬不低于20万元/年，参照校同级人员的标准缴纳五险一金
	2. 提供博士后公寓或租房补贴
	3. 博士后子女按学校教职工子女同等待遇办理入园、入学
电子科技大学	通过学校申报2018年国家"博新计划"。国家、学校给予入选者每人两年共90万元的资助，其中60万元为薪酬，30万元为博士后科学基金。合作导师可根据实际情况另行配套薪酬待遇

（四）博士后的科研贡献需进一步提升

博士后发表科研论文、申请各级项目是提升我校整体科研水平的一大助力。近些年，我校博士后的科研成果的数量与质量均有明显提升，但高水平的成果不多，尤其发表的高水平论文数量相对不足。

博士后流动站设立以来，我校博士后仅有2位获得国家自然科学基金资助（A级），1位获得国家社会科学基金资助（A级），10位获得中国博士后科学基金面上资助（B1级）。

中国知网的检索结果显示，2010年以来我校博士后共计发表学术论文131篇，比上海财经大学、中南财经政法大学以及中央财经大学分别少13篇、28篇和65篇。我校博士后发表的学术论文中，A级期刊8篇，B1级期刊14篇，约占发表论文总量的16.8%，且这些成果九成以上来源于出站的师资博士后。

三、提升博士后工作质量的建议

（一）提薪与宣传并举，增大博士后规模

当前，我校在站的各类博士后工作人员总量未超百人，与高校综合排名靠前的兄弟院校相比较，仍有较大差距。从可能影响博士后招收的因素看，妨碍我校博士后招收工作的最大因素是薪资水平较低。

博士后薪资水平低（这里以全脱产的师资博士后为例）主要表现在三个方面：一是，低于国家的8万元标准；二是，完成科研任务后，基本工资加上科研绩效后依然低于年薪制专职教师的平均薪资水平（连带"五险两金"也是如此）；三是，低于部分兄弟院校的全脱产博士后的名义工资收入。为此，笔者建议学校提高博士后科研人员的经费资助水平，向年薪制专职教师的名义工资水平趋近，并将其纳入工资普涨的范围，为我校进一步增加博士后人员打下良好的薪资基础。

此外，我校招收博士后的宣传工作依然需要加大力度。除了在我校官网、中国博士后官网挂出招聘通知，我校还可将其纳入学校的人才统一招聘。同时，我校可委托专人负责辅助宣传形式，诸如借助校友人力资源网络、各类传统媒体、自媒体以及公众号等加以宣传，提升我校博士后流动站的知名度。

（二）分类与分层共推，优化博士后结构

当前，我校博士后的人员构成方面的一个不正常的现象是非脱产博士后比例过高。这对提升博士后对我校科研、教学等方面的贡献极为不

利。在国务院办公厅于 2015 年出台的文件明确给出了"限制在职博士后比例，不得招收党政机关领导干部在职从事博士后研究工作"红线后，我校博士后结构调整迫在眉睫。

为加快推动我校博士后人员类型向"一主、二辅"（学校资助型博士后占主导，在职型与校企联合型为辅）的结构转化，笔者建议采用"分类与分层"的变革方式，加快优化我校博士后人员结构，以适应新的形势变化。

一方面，我校可既有三大类的基础上，将学校资助型博士后细分为三个小类"专职科研型""师资型"和"一般型"。其中，"专职科研型"和"师资型"博士后应占主导。另一方面，我校可依据申请者的教育经历、已有成果水平、创新能力等对师资博士后进行"薪资分层"，薪资水平和考核标准与学校同级教职工趋同。

（三）过程与结果齐抓，确保博士后质量

以低退站率、低注销率、高科研贡献率等为标志的博士后质量的提高难以一蹴而就。在注重结果导向的同时，过程管理同等重要。结合我校博士后工作的实际情况，我校应通过共抓过程管理与结果审核，力争博士后退站率与注销率趋于零，全力提升我校博士后的出站质量。

从过程管理来看，笔者建议以官方制定的制度为基础，加强常态化的日常管理。同时，我校可统一设置或由学院专设全脱产博士后科研人员办公室，实行上下班打卡制度（一周至少 3 天在岗）；严格执行学校的请假制度；及时组织动员各类博士后申报不同层次的科研项目，并提供项目申报辅导服务等。

以结果审核控制博士后出站质量可从三方面入手：第一，明确博士后出站的硬性制度；第二，严格按照博士后出站的科研条件以及教学条件执行；第三，提高博士后出站报告要求，除字数、报告格式等基本要求外，可借助针对博士论文的外审模式，强化博士后报告的外审效果。

（四）协调与协同共进，破除博士后工作掣肘

虽然博士后的管理服务权限归口到我校研究生院，但具体工作推进过程中又会涉及多个方面，牵涉众多校级管理部门，诸如组织人事部、

教务处、科研处、国资处、学院等。因而，我校博士后相关科研、教学等工作的顺利推进离不开校级层面的统筹协调与各管理服务部门的协同支持。

为此，笔者建议学校出台相应的正式文件，在校级层面进一步明确博士后科研人员（尤其是师资博士后）的身份，强调博士后工作人员是我校基本科研与教学师资力量的重要构成部分，要求相关部门或学院在开展相应活动时，将博士后切实纳入学校或学院的正式工作人员管理等。

参考文献

[1] 国务院办公厅. 国务院办公厅关于改革完善博士后制度的意见 [EB/OL]. (2015-12-03) [2018-07-14]. http://www.gov.cn/zhengce/content/2015-12/03/content_10380.htm.

[2] 刘丹华, 王晓芳. 战略人力资源管理视角下博士后招聘与甄选研究——以中西部为例 [J]. 武汉大学学报（哲学社会科学版）, 2014, 67 (1): 96-100.

[3] 刘云, 杨芳娟, 陈颖, 等. 中国博士后科学基金绩效评估体系构建及实证研究 [J]. 科研管理, 2017, 38 (10): 138-149.

[4] 李福华, 姚云, 吴敏. 中美博士后教育发展的比较与启示——基于北京大学和哈佛大学的调查 [J]. 教育研究, 2014 (12): 143-148.

[5] 牛风蕊, 张紫薇. 中国博士后制度演进中的路径依赖及其突破——基于新制度经济学理论的分析视角 [J]. 高校教育管理, 2018, 12 (1): 20-26.

[6] 钱思, 刘锦权. 高校博士后队伍建设若干问题及对策研究 [J]. 人力资源管理, 2018 (4): 163-164.

[7] 人事部, 全国博士后管理委员会. 博士后管理工作规定 [EB/OL]. (2006-12-09) [2018-07-14]. https://baike.baidu.com/item/%E5%8D%9A%E5%A3%AB%E5%90%8E%E7%AE%A1%E7%90%86%E5%B7%A5%E4%BD%9C%E8%A7%84%E5%AE%9A/5071979?fr=aladdin.

[8] 人力资源社会保障部, 全国博士后管理委员会. 关于贯彻落实《国务院办公厅关于改革完善博士后制度的意见》有关问题的通知 [EB/OL]. (2017-03-13) [2018-07-17]. http://graduate.swufe.edu.cn/info/1091/1311.htm.

[9] 汪传艳, 任超. 博士后工作满意度影响因素的实证研究 [J]. 科技管理研究, 2016, 36 (21): 41-46.

[10] 西南财经大学研究生院. 西南财经大学博士后工作管理办法 [EB/OL]. (2013-12-01) [2018-08-31]. http://graduate.swufe.edu.cn/info/1091/1811.htm.

[11] 许士荣. 我国高校师资博士后政策的十年回顾与展望 [J]. 高校教育管理, 2015, 9 (4): 120-124.

[12] 姚云, 曹昭乐, 唐艺卿. 中国博士后制度30年发展与未来改革 [J]. 教育研究, 2017 (9): 76-82.

[13] 曾明彬. 博士后培养国际化: 现状、目标与举措 [J]. 清华大学教育研究, 2013, 34 (2): 120-124.

[14] 赵硕. 西班牙博士后培养模式研究 [J]. 中国高等教育, 2016 (Z2): 76-78.

[15] 朱宁, 李巨光. 博士后完成出站标准的影响因素分析——以中国农业科学院博士后为例 [J]. 科技管理研究, 2017 (24): 93-97.

The Suggestions on the Reform of SWUFE's Postdoctoral Work

Tingting Deng

Abstract: The paper explores a few of current problems of postdoctoral management with a comprehensive analysis of the overall status quo of post doctor in our university. In order to improve the quality of the post doctor, some of the corresponding advices on these issues are put forward. These suggestions are benefit for releasing the postdoctoral fellow's potential when we struggle to participate in the country's construction plan of world-class universities and first-class disciplines.

Keywords: "Double-First" university project; post doctor; postdoctoral work reform